アイデア資本主義

文化人類学者が読み解く資本主義のフロンティア

大川内直子
Naoko Okawachi

実業之日本社

IDEA
capitalism

アイデア資本主義

文化人類学者が読み解く資本主義のフロンティア

はじめに

アイデアというフロンティア

資本主義の歴史を一言で表すと、拡大の歴史と言えます。一般的にヨーロッパにおいて資本主義が確立したとされる封建主義の終焉と産業革命以降、生産活動に資する土地・労働・資本およびそれを消費するマーケットが、地球上で急速に拡大してきました。それは裏を返すと、地球上の「余白」を食いつぶしてきた歴史を意味します。その結果、我々に残された余白は非常に少なくなってしまいました。

本書では、資本主義にとっての余白、すなわち新しい成長余地のことを「フロンティア」と呼んでいます。フロンティアとはもともと「最前線の」という意味ですが、拡大のための新天地という意味合いもあります。

資本主義のフロンティアがどこなのか、何なのかは時代とともに移り変わってきました。そしてアジアからアフリカまで地球上のあらゆる地域がグローバルなマーケットに取り込まれたいま、物理的なフロンティアはほとんど消滅したと言っていいでしょう。
代わりにここ20〜30年ほどは、インターネット空間や宇宙空間といった領域において新たな成長余地が見いだされ、模索されてきました。インターネット空間や宇宙空間は、どちらも我々の肉眼に見えない領域であるという点で伝統的な資本主義のフロンティアとは異なります。

こうした変化は、資本主義にとってのフェーズが変わったことを意味しています。目に見える領域にもはや投資先がなくなってしまったのです。

さらに、近年は他にも特徴的な出来事——アイデアというフロンティアの開拓——が生じています。もちろん現代に限らずいつの時代も、新しく事業を興そうとすればアイデアやビジネスモデルは必要でした。しかし、それはあくまでも生産手段の前駆体としてのアイデアであったと言えます。すなわち、従来アイデアは資本と一体化しており、資本の活用方法として存在していました。

ところが、現在はアイデアと資本との分離が生じています。アイデアが資本とは独立して存在しており、フロンティアとしてのアイデアに参入しようと、資本が競合している状況なのです。こうした状況を本書では**「アイデア資本主義」**という語によって定義します。

アイデア資本主義においては、アイデアの持ち主と資本の持ち主は同一である必要はありません。また、事業を興すのに必ずしも大きな資本を必要ともしません。良いアイデアさえあれば、そこに資本が集まってくる構図になっています。いわば、資本とアイデアの力関係の逆転現象が起きているのです。こうした変化が、いま、日本に限らず世界中で生じています。

筆者の学術的な出自が文化人類学であることに由来して、本書は、文化人類学の観点を取り入れながら資本主義を読み解こうとする一風変わった試みです。文化人類学と聞くとエキゾチックなイメージを抱かれる方もいるかもしれませんが、文化人類学の本質は、未開の地について研究するという点よりも、むしろ、個々人の振る舞いに着目し、ミクロな現象を通じて社会というマクロな次元について検討する点にあると私は考えています。そこで、一般にマクロなシステムとして捉えられることの多い資本主義についても、それを一旦ミクロな次元に分解して、何が資本主義を資本主義たらしめているのかということから検討することになります。

第1部では、資本主義の歴史をフロンティアの変遷という視点から捉え直すことで、アイデア資本主義へとつながる大きな歴史の流れを確認します。とはいえいきなりフロンティアの議論に入るのではなく、資本主義がミクロな次元で成立するためには「計算」と「時間」が非常に重要であるということや、資本主義をフロンティアの移り変わりという視点から捉えるというアプローチ自体についての説明から始めたいと思います。

フロンティアと聞いてまずイメージするのは空間的な広がりだと思いますが、〈空間〉以外にも、〈時間〉および〈生産＝消費〉の領域において資本主義の拡大しうる余地が歴史的に存在し、開拓されてきました。そこで、まずはこれら三つの領域についてそれぞれフロンティアという観点で歴史を振り返っていきます。すると、いずれの領域においても伝統的なフロンティアが消滅しつつあることがわかります。また、第1部の最後では、フロンティアの消滅を金利の変化という視点からも検討してみたいと思います。こうした伝統的なフロンティア消滅の果てに訪れているのが、アイデア資本主義なのです。

第2部では、アイデア資本主義とは何か、いかにして生じたのか、どのような特徴をもつのかを明らかにしていきます。まずは、伝統的なフロンティアが消滅しつつある中で、資本主義がどのような動きを取っているかを、「**インボリューション**」（内へ向かう発展）という概念に着目して見開いていきます。これを通じて、資本主義はそこに生きる一人ひとりの心的傾向に根ざす現象であり、フロンティアがなくなったとしても形を変えて拡大を志向しているということが見えてきます。つまり、フロンティアがない状態では、伝統的に外へ外へと向かっていた拡大のベクトルが逆転し、内側へと向かい始めるのです。

こうしたインボリューションの最先端に、アタマの中のアイデアへと資本が集まる、アイデア資本主義があります。通時的に見ればフロンティアの消滅は資本主義にとっての大きなターニングポイントでしたが、それがそのままアイデア資本主義の到来を意味するわけではありません。そこで「アイデアの時代へ」という章ではアイデア資本主義について改めて定義した上で、それが生じる条件を確認します。ここでの議論は、資本主義が社会と相互作用する中で、どのようにアイデア資本主義という形へと結実したのかについての共時的な考察にあたります。

次に、アイデア資本主義においてどのような事象が生じるのかについて、具体的な事例を元に考えていきます。最終章では、これからの資本主義がどうなっていくのか、あるいはより能動的に、どうしていくべきなのかについて簡単に議論したいと思います。

未来は本当に「脱資本主義」にあるのか？

このように、本書は資本主義の最前線で現在生じつつある「アイデア資本主義」について解き明かそうとする試みですが、同時に昨今の**脱資本主義論に対するアンチテーゼ**でもあります。経済格差の拡大や環境問題などを背景に、資本主義やそれを体現するグローバル企業がやり玉に挙げられることが増えてきました。資本主義からの脱却についての議論もなされています。このように資本主義については負の側面にばかり目を向けられることが多いように思うのですが、資本主義を否定して次の時代に進もうとするにせよ、その実態を正しく捉え、次の時代に活かすべきものは活かしていくというのが建設的なスタンスと考えます。

たしかに、経済成長を追求した結果として危機・搾取・疎外が生み出され、拡大してきました。しかし一方で、資本主義がイノベーションや成長の原動力として経済成長を牽引してきたのもまた事実です。私たちの日常生活と切り離すことが難しいスマートフォンやテレビなどの製品も、企業による研究開発やマーケティングの賜物であり、自給自足の生活をしている人は別として、何らかの形で企業活動の恩恵にあずかっていない人はいないでしょう。また、経済格差が拡大したとしても、労働者の賃金は歴史的に上昇してきており、結果としてたとえお金持ちでなくても物質的に豊かな暮らしができるようになった点は見逃してはなりません。

なお、資本主義の否定から生まれた社会主義については、それが決して人々にとって理想的な体制ではなかったということがソ連の歴史から示されています。[1] 中国においても政治的には中国共産党による社会主義が維持されていますが、経済成長のため市場経済が導入されています。

私は資本主義を称賛する立場に立っているのではありません。資本主義を闇雲に否定する前に、まずは資本主義の本質と正・負の両面について冷静な目を向ける必要があると考えているのです。なお、資本主義の本質という点に関する私の意見は以下のようなものです。

資本主義は容易に適用したり変更したりできるシステムのようなものではなく、個々人の「将来のより多い富のために現在の消費を抑制し投資しようとする心的傾向」から生じ

る経済行為の総合的な表出である。すなわち、時間が直線的に続いていくという感覚に基づいて未来についての計算を行うという動作から生じる。こうした動作は現代人にとって極めて基本的かつ未来志向の健全な動作である。また、少なくとも〈個体×推測可能な範囲の未来〉という範囲においては合理的な思考であるから、私たちが直線的な時間感覚と計算の術を身につけている以上、こうした未来志向の動作は自然に生じる。このように資本主義は私たちの心的傾向に根ざす現象であるから、システムを切り替えるようには単純に切り替えられない。

少し難しく書いてしまいましたが、要するに、「今日よりも良い明日を過ごしたい」という一人ひとりのささやかな想いが、資本主義の根底にあるのです。

第1部のテーマでもありますが、資本主義の伝統的なフロンティアは消滅しつつあります。そのような状況下、資本主義がターニングポイントを迎えているというのは事実に違いありません。しかし、それが本当に資本主義とは異なるシステムへの移行を意味するのでしょうか。実際には、資本主義は伝統的なフロンティアが消滅した後も様々な形で成長の余地を見出し、また作り出し続けています。こうした資本主義の本質を理解した上で、どのように資本主義をコントロールないしアップデートできるかを検討するのが、いま我々に必要な、前向きなアプローチなのではないでしょうか。

本書はこうした問いに答えるための試みでもあります。

注釈

1 ソ連型の社会主義を、資本主義のオルタナティヴではなく国家資本主義とする見方もあります。

はじめに 3

第1部

資本主義のフロンティアの消滅 18

1 資本主義の歴史の紐解きかた 20

資本主義の再定義 21

資本主義と計算と時間 24

資本主義は拡大を志向する 36

フロンティアの開拓と消滅の歴史 42

2 空間のフロンティアとその消滅 46

資本主義の発生 48

フロンティアとしての地中海(12世紀〜15世紀) 56

フロンティアとしての大西洋・新大陸（16世紀〜18世紀）　60
フロンティアとしての太平洋・アジア（19世紀〜20世紀）　66
フロンティアとしてのアフリカ（21世紀）　69
新たなフロンティアとしての宇宙　74

3
時間のフロンティアとその消滅　80
時間的射程とは何か　81
時間的射程の拡大：1日から1年へ　83
時間的射程の拡大：一生、そして子孫へ　85
時間的射程の拡大：ゴーイング・コンサーンへ　90

4
生産＝消費のフロンティアとその消滅　98
生産＝消費のフロンティアとは何か　99

生産＝消費と資本主義 103
産業革命と資本主義 107
イノベーションとコモディティ化のサイクル 110
消費のフロンティアとその消滅 114
労働力のフロンティアとその消滅 117
資源のフロンティアとその消滅 120

5 伝統的なフロンティアは消滅した 124

空間・時間・生産＝消費の伝統的なフロンティアの消滅 124
資本主義と金利の関係 127
金利の歴史に見るフロンティアの消滅 130

第2部
アイデア資本主義の到来 138

1 インボリューション：内へ向かう発展 140
インボリューションとは何か 141
空間・時間・生産＝消費におけるインボリューション 146
資本主義におけるインボリューションの位置づけ 155

2 アイデアの時代へ 160
アイデア資本主義とは 162
アイデア資本主義へと至る条件 165

3 アイデア資本主義で起こること 172
アイデアが投資の対象になる 172
アイデアを見極める眼が必要になる 178

モノの生産よりも活用が付加価値を生む 185
アイデアを生み出せる人が勝つ 189

4

資本主義のこれから 196

フロンティアなき成長の時代 196
資本主義は入れ替え可能なシステムではない 199
資本主義はアップデートできる 206
おわりに 212
解説／船曳建夫（十文字女子大学特別招聘教授・東京大学名誉教授） 215

第 1 部

Capitalism — The Disappearance of its Frontiers

資本主義のフロンティアの消滅

1 資本主義の歴史の紐解きかた

資本主義という言葉を聞いたことがない読者はいないでしょう。社会科の授業でも出てきますし、経済格差の拡大や環境問題などを背景に資本主義の限界が叫ばれることも増えてきました。決して耳馴れない単語ではないと思います。

では、「資本主義とは何か？」

そう問われてシャープに答えられる人は、実は少ないのではないでしょうか。資本主義（Capitalism）という言葉が使われ始めたのは19世紀の半ばから後半にかけてです。それ以降、資本主義は色々な場所で色々に定義されてきました。先の問いに対して、教科書的な回答であれば、「市場経済における自由な競争に基づく社会の仕組み」といったところになるかと思います。また、Oxfordオンライン辞典でCapitalismを引くと、「ある国の商業や産業が、国家ではなく、営利目的の民間所有者によって制御されている、経済的・政治的システム」[2]とされます。あるいはマルクス主義の立場からすれば、資本家が生産手段を専有し、（余剰）労働を搾取する社会ということになるでしょう。資本主義という用語は社会に見られる特徴を表すものなので、満場一致のブレない定義を設けることは難しく、このように色々な説明が併存しています。

しかし定義を曖昧にしたままでは歴史の輪郭が見えてきません。この第1部は資本主義の歴史をフロンティアという視点から通時的に読み解こうとする試みですから、まずは資本主義を本書なりに定義し、その上でフロンティアの変遷をたどっていきます。

資本主義の再定義

本書を通貫する大きなテーマは、資本主義に備わっている拡大のダイナミズムの果てに、そのフロンティアが物理的な領域からアイデアというアタマの中の領域へと移行しているということです。それを示すにあたって、まずは資本主義の再定義から始めたいと思います。

資本主義は自由市場を前提とする経済的・政治的システムとしてイメージされることが

多いのですが、こうした説明は静的で、分類には役立つ一方で実態を動的に捉えるのには向いていません。私の学術的な出自である文化人類学という分野では、個々の生きた人間の振る舞いや心理というミクロな視点から社会について考察します。このミクロなアプローチが、マクロな現象としての資本主義のダイナミズムを捉える上でも役に立つというのが私の意見です。

どういうことかというと、資本主義を「経済的・政治的システム」として捉えると、各種財産権や会社法といった法制度と、その上で行われる経済活動との連関というマクロな構造に目が行き、それが生身の人間から浮いてしまっているように感じられます。しかし実際にはあくまでも個々の人間によるミクロな振る舞いの総合的な表出として資本主義的な特徴や傾向が見られるわけですから、資本主義の本質は出来上がったあとのシステムよりもむしろ、ミクロな振る舞いを生み出している動機にあると考えられます。

ミクロな振る舞い・心理に資本主義の本質を見出すということは、資本主義（Capitalism）をあくまでその語が表すように〈Capital-ism〉として捉えるアプローチです。〈-ism〉というのは主義を表す名詞語尾なので日本語でも資本主義と訳されているわけですが、資本主義という文脈においては本来〈-ism〉が含意するところの「行動の指針となる思想」という意味合いが多くの場合意識されていません。[3]

しかし、自給自足の経済において1年間の食事を賄うために米を蓄えておくことと、翌年の米の収穫量を増やすために消費を抑制して種籾に充てることとは、よく似た振る舞いに見えるものの、〈-ism〉という観点では本質的に異なる経済行為なのです。前者はカール・マルクス(Karl Marx)が言うところの単純再生産、後者は拡大再生産にあたります。後者を促すような心的傾向が、〈-ism〉としての資本主義の要件とです。端的に言うと、1年後にああなりたい、こうなりたいと考えること自体が、極めて資本主義的な思考の様式なのです。

そこで本書では、資本主義をシステムとしてではなく資本主義的経済行為を生み出す〈-ism〉として捉え、**「将来のより多い富のために現在の消費を抑制し投資しようとする心的傾向」**と定義します。こう定義しておくことで、単なる物々交換と資本主義的な経済活動を区別した上で、資本主義的心的傾向と社会・文化・科学技術といった諸条件との相互作用の結果として変容していく経済活動についての動態的な理解が可能になります。

資本主義と計算と時間

将来のより多い富のために現在の消費を抑制し投資しようとする行為とは、具体的にはどんな行為でしょうか。例えば、娯楽のためのマンガ本ではなく資格取得のための参考書を買うことや、いつでも下ろせる普通預金ではなく、多少なりとも利率の良い定期預金を行うこと、あるいはより長い時間軸では、子どもが将来良い学校へ進み、良い職に就くようにという親心から、日々の生活を節制して子どもの学費を積み立てることなども該当します。こうしたことはごく普通の行動のように思われるかもしれませんが、全く自明ではないのです。資本主義的な経済行為を生み出す必要条件は、次の二つです。

1　計算可能性……………計算の方法を身につけていること、そして、計算が許されること

2　直線的な時間感覚……時間が、繰り返すのではなく、未来に向かってまっすぐ進んでいくという感覚

図1　資本主義的経済行為の前提

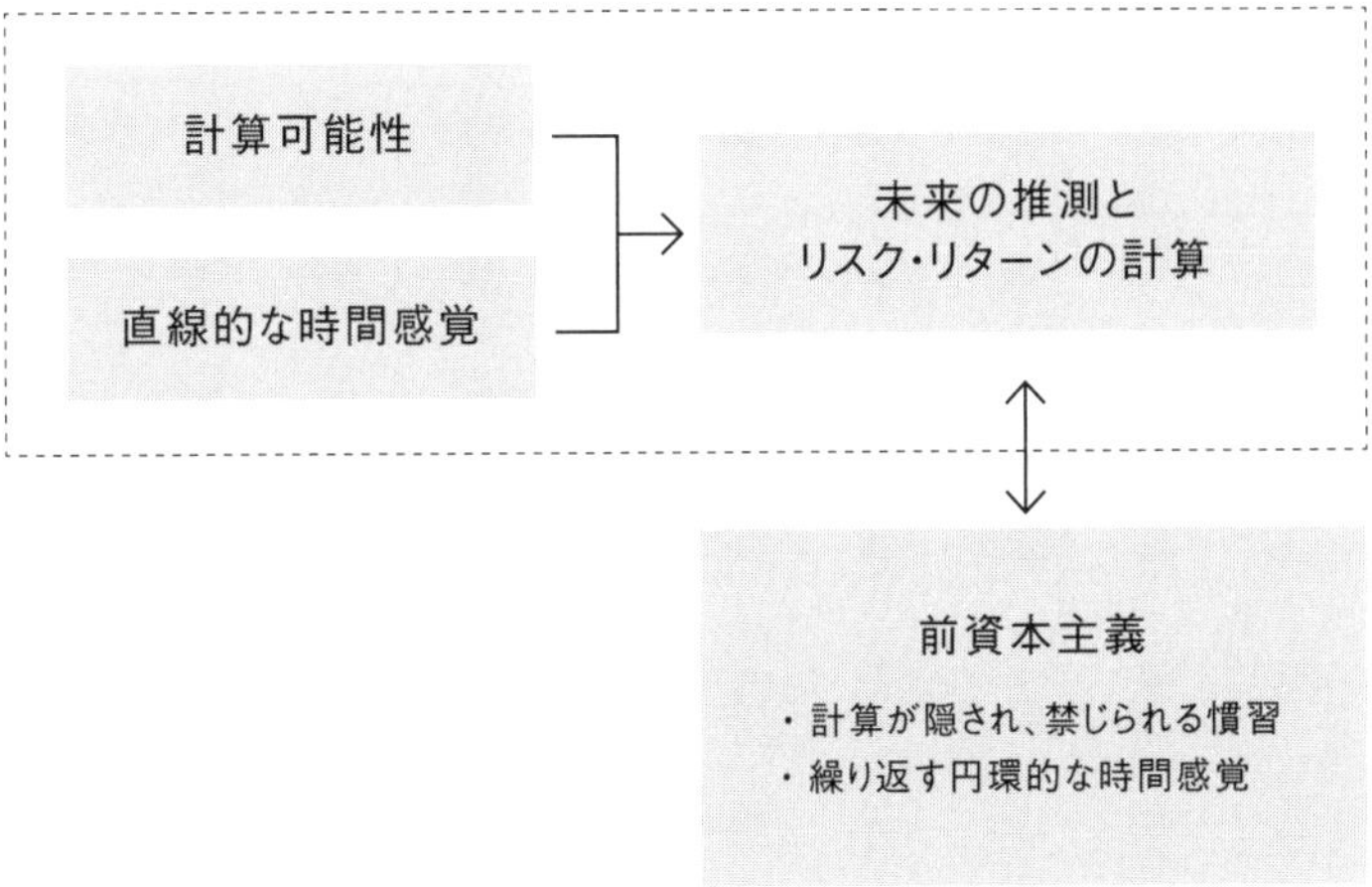

資本主義の成立にとって、計算と時間とがいかに重要かについて、文化人類学の研究も参照しながら見ていきましょう。

資本主義と計算

有名な社会学者であるマックス・ヴェーバー（Max Weber）の議論が、資本主義と計算の関係性について考える上で参考になります。ヴェーバーは西洋の近代化という比較的広いスコープで資本主義を捉えた人物ですが、彼によれば、資本主義的経済行為は、競争と交換、市場価格による行動決定、資本の投下、利潤の追求によって特徴づけられます。そしてこの一連の行為を可能にするものとして重要なのが、「形式的な合理性」(formale Rationalität)なのです。[4] 形式合理性とは、未来を予測した上で、計算に立脚した意思決定を行うことに伴う合理性のことです。

資本主義と計算とが結びついていることはイメージしやすいかと思います。資本を増やそうとする企図は、ある金額を投資したときにいくらのリターンが得られるのか、また、ある行為に伴うリスクはどの程度かといった計算なしには成り立ち得ないためです。加えて、複式簿記の開発やアラビア数字の導入が商取引の高度化・複雑化を下支えしたことをご存じの方も多いことでしょう。このように、資本主義の成立にとって計算可能性は非常に重要な役割を果たしています。

ただし、ここで言う「計算可能性」は計算の能力だけを意味しているのではありません。資本主義と計算とが密接に関わっているからといって、資本主義以外の社会に暮らす人々に計算ができないというわけではないのです。それでいながら資本主義の要件の一つに計算可能性があるというのはどういうことでしょうか。実は、資本主義以外の社会においては、計算を表立って行うことが忌避されたり、計算されたとしても私たちが買い物をするときのような緻密な計算とは全く異なる形でなされたりすることがあるのです。

資本主義以外の社会において計算とはどのようなものなのか、具体的に見ていきましょう。ここで取り上げるのは、アルジェリアの農民たちがどのように資本主義化していったかについての、ピエール・ブルデュー（Pierre Bourdieu）による人類学的な調査報告です。[5] 調査は1958年から1961年にかけて実施されました。詳しくは続く「空間のフロンティアとその消滅」の章で説明しますが、第二次世界大戦後のこの時期は、列強諸国の植民地支配下に置かれていたアジアやアフリカの国々で独立の機運が高まっていった時代です。アルジェリアも19世紀以降フランス領となっていましたが、こうした動きの中でナショナリズムが高まり、1954年にはフランスからの独立をめぐるアルジェリア戦争が勃発しました。多大な人的被害も生じたこの戦争の結果、最終的にアルジェリアが独立したのは1962年ですから、フランス人であるブルデューによる調査はこうした激動の最中で実施されたことになります。

この頃のアルジェリアの経済は、前資本主義から資本主義への過渡的状況にあったため、農民たちの生活や価値観に生じた変化に注目することで、何が資本主義を資本主義たらしめているのかを知る手がかりとなります。

前置きが長くなりましたが、アルジェリアの農民たちがどのように日常生活の中で計算を行っていたかを見ていきましょう。

一つ目に紹介するのは、前資本主義的な社会における計算の有り様をよく表す例です。アルジェリアの農民たちがどのように家畜の貸し借りをしているかを見てみると、私たちが計算と聞いてイメージするほど正確ではないけれども、彼らの関係性を持続可能なものにするための、ある種の計算が行われていることがわかります。

家畜の所有者は、しばしばヤギなどの家畜を知人に預け、数年に渡って世話をしてもらうことがあります。ヤギから得られる乳は、ひょうたんに入れられ、借り手から所有者のもとへと毎朝届けられます。そして所有者はお使いに来た借り手の子どもへ、乳のお礼として果物や卵などを与えるのです。3年後、家畜はもとの所有者へと返却されますが、そのとき、3年の間に家畜が老いたことで減衰した価値の半分程度に相当する埋め合わせが、借り手から所有者へなされます。

このようにして家畜の価値が見積もられ、両者の間で取引が行われているわけですが、計算が緻密になされることはなく、ヤギの価値はあくまでざっくりと見積もられます。ここには計算的な要素はあるものの、資本主義において行われる計算とは異なるものです。これは自分が損をしないようにという欲からなされる見積もりではなく、信頼し合った当事者同士で公平性を担保するための行いなのです。

二つ目に、集団による共同作業の例を見てみましょう。この例からは、破産を防ぐための最低限の見積もりがなされるものの、計算が決して表立って行われることのない様子がわかります。

オリーブの収穫や家の建造といった大掛かりな作業は、クラン（Clan／共通の祖先をもつという認識に基づく出自集団のこと）や村落の全体で行われます。例えば家を建てるとき、作業の始めと終わりには、家長によって生贄が捧げられます。その血で儀式を行った後、協力者たちを招いた会食が催され、生贄となった動物が饗されるのです。こうした儀礼と共同作業とによって集団の成員の連帯が保たれていたわけですが、会食で一切の計算が行われないとすると、その家の蓄えがたった1日の饗宴のために尽き果ててしまうことになりかねません。そこで破産を防ぐため、共同作業に参画した全員ではなく、名士だけであったり、各家族に一人であったりというように、会食に参加する人数が限定される場合がありました。この例では、富の流出を防ぐため（私財を守るため）ではなく、儀礼を伴う共同作業・饗宴という伝統をしっかりと執り行うことを目的として、食料の過不足に関する最低限の計算がなされていたとブルデューは分析しています。アルジェリアの農民たちに限らず、共同体の中で気前よく振る舞うことを求められるケースは少なくなく、これは自

図2　前資本主義と資本主義における計算の違い

	計算の位置づけ	具体例
前資本主義	・表立ってはなされない ・利益の確保ではなく、信頼関係や慣習の維持が目指される	・ヤギの価値を大雑把に見積もる ・宴会に呼べる人数（もてなすことができる人数）を推し量る ・振る舞われる食事に値段をつけてはならない（計算の禁止）
資本主義	・正確になされる ・利益の確保が目指される	・企業の会計や税務 ・家計簿 ・スーパーでの購入金額や釣り銭の額

分の取り分を計算することが（少なくとも表立っては）禁じられていることの表出と言えます。

三つ目の例は、前資本主義的な社会において、貨幣の普及とともに計算される領域が拡大していき、次第に資本主義が広がっていく様子を示唆するものです。調査当時、家の建設にあたっては、石積みや骨組みは石屋に任せられることが多かったとされます。石屋は報酬として現物か現金を受け取り、加えて食事を振る舞われるのが慣行でした。ところが、あるフランス帰りの石屋が、食事をせずに帰り、代わりに食事代に相当する金額を200フランと見積もって請求したのです。この石屋は村中から大変な顰蹙を買うことになりました。貨幣が徐々に浸透する中にあって、労働の価値（この事例では１０００フラン）は計算が許されるのに対し、象徴的行為としての食事が２００フランという経済的な次元に還元されることは非難される行為であったわけです。

これらの事例からわかるのは、計算の術を身につけていればすぐさま計算がなされるというわけではなく、前資本主義的な社会においては、共同体を維持するために計算が拒まれ、あるいは隠されていたということです。集団の信頼関係や伝統を破綻させないように、暗黙裏に食料の過不足が確認されることはあっても、決しておおっぴらになされることはありませんでしたし、特に自らの取り分を増やすという目的で行われることはなかったと言えます。

そして石屋の例では、資本主義が広まっていく中で、次第に賃金や食事もまた計算の対象となっていったことが示唆されました。尺度としての貨幣の普及によって、生産のための労力や消費の量に関する測定が可能になり、結果として、集団の中で各世帯の取り分を計算させるよう動機付けたとブルデューは指摘しています。ただし、計算は人々の生活に一気に立ち現れたわけではなく、生活の中でより機能的な部分とより象徴的な部分とで異なる浸透の仕方をしていったと考えられます。なお、こうしたプロセスを考えれば、次章で詳しく見ることですが、資本主義が社会によって異なる現れ方をしてきたことになんの不思議もありません。

さて、本項では、資本主義と計算とが密接に結びついていることを確認しました。計算可能性がない場合、すなわち計算が禁じられていたり、表立ってなされることがなかったりする場合には、資本主義的な経済活動は生じづらいと言えます。

資本主義と時間

次に、資本主義と時間の関係について検討してみたいと思います。ある金額を投資したときのリターンがいくらなのかというように、計算が可能であるということが資本主義の一つの要件でした。

こうした計算の前提として、時間についてのある感覚が必要になります。それが、――現代社会に生きる我々にとってはあまりに当たり前のことでかえって意識しにくいのですが――時間がこれまでも、そしてこれから先も直線的に過ぎていくという感覚です。

実は、こうした直線的な時間の観念を人類が常に身につけてきたわけではありません。

直線的な時間観念はユダヤ・キリスト教文化によって生じ、広がったと考えられています。ユダヤ・キリスト教においては、世界は神によって創造されたものであるため、天地創造のタイミングを始点として、現在そして未来に至る直線的な時間がイメージされるのです。

なお、この直線的時間に対して、円環的時間という観念があります。日本でも、人々は円環的な時間の観念を抱いていたとされます。こうした円環的時間の観念は、特に農耕社会において重要になる、春夏秋冬が繰り返すという四季の感覚や、仏教における輪廻転生および輪廻からの離脱としての涅槃という思想に関連しています。

蓋し、直線的であれ円環的であれ、時間を知覚できるのは我々に記憶があるからではないでしょうか。時間は絶対的な尺度のように感じられますが、過去についての記憶があるからこそ現在と過去の差異が、そして現在が過去と異なる時点にあるということが知覚されるのです。時が流れているという感覚、そしてそれに基づく時間という観念そのものが、その個体がもつ記憶の範囲や粒度に依存しているのです。このように、時間を我々がどのように知覚するかというのは決して絶対的なものではないということをおわかりいただけたかと思います。

ここまで述べたように、**直線的な時間の観念が未来についての予測を促し、それがさら**

に未来における利潤の計算を可能にするからこそ、人は資本をどのように投資すべきかを判断できるようになります。逆に言えば、直線的な時間感覚と計算可能性を欠いた状態では、資本主義は持続的には成立し得ないのです。

補足すると、前資本主義的な社会で暮らす人が未来について何も考えないというわけではありません。しかし、その考え方が「科学や経済的計算とは反対」であるとブルデューは指摘しています。再びアルジェリアの農民たちの例を引くと、1年の中で牛を最初に耕地に出す日には、カメス（小作人）や隣人たちにザクロ入りのクスクスを饗さねばなりませんし、祭りのためには塩漬けの肉を蓄えておかなければなりません。このように、ザクロの実を（消費することなく）植えたほうが将来的に得られるザクロが増加するとしても、そうはせずに消費に回すということが行われます。

もともと農民たちは、未来に得られるであろう収穫から逆算して消費量を決定するわけではなく、過去、つまり前年の収穫に従って消費を行っていました。また彼らは未来を見越して消費のために穀物を蓄えておくことはあっても、未来の収量を増やすために穀物の消費を減らし、種籾に回すということはしなかったとされます。すなわち、前資本主義における未来を見据えた行動は、予測や計算に基づくのではなく、「経験において直ちに把《は》捉《そく》されてしまうか、あるいは、蓄積されて伝統と化している、あらゆる経験」に基づいていました。

また、アルジェリアの伝統的な農耕社会では、時間は刻々と未来へと向かって刻まれる直線的な存在ではありません。時間は、集団と連動する「リズム」なのです。彼らが集団の中で生きていく上で、他者と同じリズムで働いたり、農業行事としての祭りや儀式を決まった日取りで執り行ったりすることが要請されます。そしてこれを守らない者は「アム＝カレフ」（違反する者という意味。語源をたどれば遅れている者という意味）と呼ばれます。かくして、前資本主義的なエートスは集団による同調という形で未来を予定し、確かなものにしようとするのです。つまり、集団の成員には皆と同じタイミングで農作業や儀礼に参加することが当然にして求められ、時間とはそうした集団作業をいつどのように行うかというサイクルであったというわけです。そこにおいて、過去と未来は現在を中心として対称であると言えるかもしれません。

時間が独立した単位として計算の対象になるのではなく、集団で行わなければならない行事や労働の中にリズムとして組み込まれていたことと、未来についての計算が拒まれ、将来のより多い富のために投資が行われることがなかったこととは、決して独立した事象ではありません。

資本主義と計算と時間に関する議論をまとめると、将来のより多い富のために現在の消費を抑制し投資しようとする場合、すなわち〈-ism〉としての資本主義が成立するには、将来のより多い富について計算することが必要であり、さらに将来を推測し計算を可能にしようとすれば、前提として時間が未来へ向かって直線的に進んでいくという感覚が必要なのです。

資本主義は拡大を志向する

さて、資本主義の歴史は拡大の歴史であったと冒頭で述べました。ここでは、資本主義に拡大の原動力が内在することを、その射程とする時間軸の拡大を例に見ていきたいと思います。

資本主義かどうかにかかわらず、まずは人間にとってその日を生き延びることが重要という意味では、食料の確保という経済活動の最も短い射程は1日と言えます。いわゆるその日暮らし(Living for today)という状態です。

　農耕社会においては農作物を植えてから収穫するまでのタイムラグがあるため、数ヶ月後から1年後を見据えた活動が求められます。ただし、アルジェリアの農民の例で見たように、1年後を見据えているからといって資本主義的な富(または種籾)の蓄積や収量の拡大を志向しているとは限りません。前資本主義であれば、集団の成員が生活するのに足るだけの単純再生産と再分配が実施されます。

　一方で、直線的な時間の観念と計算可能性を身につけ、資本主義へと移行した場合は、未来を確かなものにしようとする時間的射程が長くなっていきます。

　12世紀から15世紀にかけて、ヴェネツィアを始めとする北イタリア諸都市および南ドイツの諸都市が遠隔地交易の中心地として発展しました。交易自体はより古くから見られたものの、その期間や物量が拡大していきます。硬貨による現金決済の煩雑さやリスクを回避するために、前払いや掛売りによる取引が広まったのもこの時期とされます。さて、このように遠隔地交易が大規模化する中で、資金やリスク軽減の必要性が増し、商人たちの共同出資による会社の設立へと至りました。ただし、この頃の会社は期限付きで、事業が終わると出資者である商人同士で利益を分け合って解散するのが前提でした。

こうして、資本主義の時間的射程は「その日」(Living for today) から1年へ、そして会社に至っては事業の続く「数年間」(1年〜数年) へ伸びました。そしてその射程は商人たちがそれぞれに富の蓄積を進める中で彼らの「生涯」へ、さらには「家」すなわち子孫へと伸びていきます。一人の商人の生涯を超えて、子孫まで続く富の繁栄を象徴するのが、フィレンツェのメディチ家 (Medici) やアウクスブルクのフッガー家 (Fugger) といった中世ヨーロッパの名家です。メディチ家やフッガー家は、資本主義が発達する中で、14〜15世紀以降にそれぞれフィレンツェとアウクスブルクで栄えた一族です。銀行業や鉱山業といった様々な事業を一族で営み、彼らの栄華は何代にも渡って続きました。

さて、遠隔地交易の大規模化に伴って、12世紀以降期限付きの会社が生み出されたわけです。その後、植民地支配の時代になると、遠隔地交易の重心が地中海から大西洋へと移動していきます。これに伴って、資本主義の中心は北イタリアおよび南ドイツからオランダ、ついでイギリスへと移行していきました。そのような中、１６０２年のオランダ東インド会社 (VOC : De Verenigde Oost-Indische Compagnie)[6] 設立を契機として、期限なしかつ有限責任の株式会社や有限会社が登場するようになります。[7] ＶＯＣの規模はそれまでの交易会社の比にならぬほど大きく、出資者は２１８人にものぼりました。また、証券取引所が作られ、そこで会社の持ち分を取引することも可能になりました。このようにして、資本主義の時間的射程は終わりを前提としないほどに拡大していったのです。ただし、VOCはオランダ政府と密接に結びついており、この点で私たちが想像するような現代の企業とは性格を異にしていたことには留意が必要です。

とはいえ、現代に目を向けると、経済活動の主役が「個人」や「家」ではなく、企業、それも期限を設けない有限責任の企業であるという点で、17世紀初頭におけるVOC設立以降の流れを引き継いでいます。その上で、現代の到達点を確認すると、企業がその期限を設けないことが、「積極的には解散の期限を定めない」こと以上を意味するようになっています。つまり、企業活動が無期限に続いていくという前提が明確におかれているのです。

資本主義の時間的射程が無期限にまで伸びているという事柄に関して、二つの例を確認してみましょう。一つ目は、ゴーイング・コンサーン（Going Concern）、二つ目は、企業価値算定におけるDCF（Discount Cash Flow）法です。

ゴーイング・コンサーンとは、「継続企業の前提」とも呼ばれ、企業が将来に渡り存続し、事業を継続していくという前提のことを意味します。会計の世界では企業活動が無期限に続くと仮定されており、このゴーイング・コンサーンを前提に各種制度が構築されているのです。本書を読んでいる多くの方も、ご自身の勤める企業がこれから先も長く続いていくと自然と考えているのではないでしょうか。

二つ目が、DCF法です。企業価値（ある企業がどのくらいの価値を有するのか）を計算する代表的な方法であるこのDCF法においても、企業が無期限にキャッシュフローを生み出し続けると仮定します。

DCF法では、企業がこれから生み出すであろうキャッシュフロー（期待キャッシュフロー）の全体を割引率で割り引くことで企業価値を算出します。割引率で割り引くというのは、将来の価値を現在の価値に換算することを指します。簡単に言うと、同じ額面でもそれが現時点で手元にあるのと1年後に手に入るのとでは価値が違うので補正しようという考え方です。例えば銀行に100万円預金していて、利息が1％つくとすると、1年後には101万円になります（現実には2021年現在の普通預金の利息は約0.001％なので、100万円預けていたとしても1年間の利息はわずか10円程度です）。これは言い換えると、1年後の101万円と現在の100万円の価値が等しいということになります。預金の例における利息が、DCF法ではWACC（加重平均資本コスト）という数値にあたるのですが、どちらもカネの値段を意味するという点で本質的に同じと思っていただいて構いません。

さてＤＣＦ法では通常、企業がこれから生み出すであろうキャッシュフローの期待値算出にあたり、ゼロ成長か、あるいは一定成長かのどちらかの仮定を置きます。ゼロ成長の場合はある年の稼ぎがこれから先ずっと続くと仮定され、一定成長の場合はある成長率で稼ぎが増え続けると仮定されるのです。つまり、企業が10年後には減収に転じるだろうとか、いずれ倒産するだろうとかいうことは基本的に想定されません。

しかし実際には、企業の平均寿命は無限ではなく、せいぜい30年程度といったところでしょう。例えば、２０２０年に日本で倒産した企業の平均寿命は23・3年でした。[8] 産業によっても異なりますが、最も長い製造業でも33・4年と、ゴーイング・コンサーンや企業価値算定が前提とする無期限という仮定からは程遠い数値です。

このように、実際の企業の寿命が無限に伸びたということはないものの、もともとは期間限定で解散することを前提に始まった会社という仕組みが、現在では解散を前提におかず、無期限にまでその射程を広げていることをおわかりいただけたかと思います。

フロンティアの開拓と消滅の歴史

「将来のより多い富のために現在の消費を抑制し投資しようとする心的傾向」という本書における資本主義の定義からしても、富を増やそうとする個々人の精神こそが資本主義の本質であり、拡大への原動力です。そしてその時間的射程がどんどん伸びてきたことを前項で確認しました。

このように資本主義は拡大を志向するため、常に拡大の余地が必要になります。資本主義にとっての次なる拡大余地、すなわち資本主義の最前線をフロンティアと呼ぶとすると、いまはフロンティアが物理的な世界からアイデアというアタマの中の世界へと移っている時代です。

フロンティア(frontier)とは一般的には国境や辺境、あるいは学問領域の最先端という意味ですが、アメリカでは19世紀の西部開拓時代において白人入植者による開拓(現実には先住民であるインディアンの掃討を意味しました)が進んだ土地と未開拓の土地との間の境界地帯を表す語として、“the frontier”と定冠詞をつけた形で用いられてきました。アメリカの西部開拓時代にはこのフロンティア・ラインが次第に東から西へと移動して、ついには１８９０年にフロンティア消滅へと至りました。このような経緯で国内にフロンティアがなくなったアメリカは、その後新しいフロンティアとしての太平洋への進出に力を入れていきます。時の大統領ウィリアム・マッキンリーのもとで「海のフロンティア」開拓が進められ、１８９８年にはハワイ併合に至りました。また、同年に勃発していた米西戦争では、フィリピン・グアム・プエルトリコを獲得し、またキューバの占領を戦果として得るに至りました。

少し話はそれましたが、アメリカや同時代の帝国主義の国々が領土拡大を志向したように、資本主義もその歴史を通じてフロンティアの開拓と消滅を繰り返してきました。ある段階におけるフロンティアがどこだったか、何だったかを知ることによって、資本主義がどのように姿を変えてきたかをうかがい知ることができます。

本章では、資本主義を出来上がったシステムとしてではなく、「将来のより多い富のために現在の消費を抑制し投資しようとする心的傾向」と定義した上で、拡大を志向する資本主義の歴史を捉えるのにそのフロンティアの変遷をたどるのが有効であることを確認してきました。次章からは、具体的に資本主義のフロンティアがどのように移り変わってきたかを、空間のフロンティア・時間のフロンティア・生産＝消費のフロンティアという3つの側面から紐解くことで、どのような経緯をたどってフロンティアがアイデアの領域にまで至ったかを考えてみたいと思います。

注釈

2 2021/03/29アクセス。筆者訳。https://www.lexico.com/definition/capitalism

3 Capitalismという用語において、〈-ism〉は一般的には体制を表すとされます。ただし、本書では資本主義的な経済行為を生み出す個々人の心的傾向こそがマクロな現象としての資本主義を作り出していると考えています。そのように考えることによって、フロンティアを失ったいまもなお資本主義が根強く形を変えて生き残っているのはなぜかを理解する助けとなります。

4 マックス・ヴェーバー、『一般社会経済史要論』上巻（１９５４年、岩波書店）を参照。ヴェーバーによる「合理性」の概念については、その意味するところが不明瞭・多義的であるとする批判もあります。

5 ピエール・ブルデュー、『資本主義のハビトゥス―アルジェリアの矛盾』（１９９３年、藤原書店）

6 英語ではthe United Dutch East India Companyと言います。

7 イギリス東インド会社の設立は１６００年の年末であり、オランダ東インド会社の設立よりも早かったのですが、株式会社の起源はやはりオランダ東インド会社であると考えるのが妥当です。というのも、イギリス東インド会社では設立翌年から航海事業が行われたものの、その実態は一つの航海ごとに出資を募り、それが終わるごとに清算するという古い形の共同出資方式だったためです。イギリス東インド会社が実態的に株式会社化したのは、半世紀以上あとの１６５７年に実施されたクロムウェルの改革によってでした。

8 東京商工リサーチによる調査結果。２０２０年に倒産した７７７３件（負債１０００万円以上）のうち、創業年月不明の１１８２件を除いた６５９１件が対象。

2 空間のフロンティアとその消滅

フロンティア拡大と聞いてまず思い浮かぶのは、空間的な拡大だと思います。例えば大航海時代にスペインとポルトガルが植民地を増やしていき、続いて他のヨーロッパ各国も加わる形で植民地主義の時代が訪れたこと。そしてアメリカの独立以降はアジア・アフリカ地域の植民地化が進み、帝国主義が強まっていったこと。

このような目線で世界史を振り返ると主要なアクターは国家ということになりますが、国家による領土拡大は当然植民地での経済活動を伴っていました。植民地支配された地域の多くではプランテーションを始めとする様々な経済活動が営まれ、本国とのグローバルな経済に組み込まれていきました。そのため国家による帝国主義的な領土拡大と資本主義の拡大とは密接に関連していました。それゆえ、一般的な植民地主義・帝国主義の歴史としてではなく、資本主義の発生と拡大に焦点を当ててフロンティアの変遷を追っていくのが本章のポイントです。

ちなみに、植民地主義や帝国主義はフロンティア拡大としてイメージしやすいのですが、実際には資本主義的な心的傾向自体は国家と経済主体とが密接に絡み合いながら拡大していった植民地主義の時代や、あるいは産業革命が起こった18世紀後半に突然生じたわけではありません。富の蓄積の歴史はそれよりもはるかに長いのです。

そこで本章では、資本主義の歴史を紐解くときの出発点をどこに置くかについての議論から始め、現代に至るまで徐々に地理的に広がってきた資本主義の様相について通時的に確認していきたいと思います。

再度強調しておきたいことは、**資本主義は産業革命を契機としてヨーロッパに急に出現したものではない**ということです。それよりはるか前の時代において、中国や中東といった地域でも、資本主義はそれぞれ違った形を取りながら出現し、また発達していたのです。

それらの諸地域で生み出された様々な道具、テクノロジーや概念（具体的には羅針盤や印刷術、ゼロの概念など）が、徐々に、そして最終的にヨーロッパに集約されていき、一般に産業革命などとセットでイメージされる「ヨーロッパ的な意味での資本主義」の発展に結びつきました。

ヨーロッパ的な意味での資本主義につながるフロンティアの移動は、地中海を介したイスラム世界との遠隔地交易を通じて商業が発展を始めたことに端緒があります。議論を先取りすると、その後、空間のフロンティアは、地中海→大西洋・アメリカ→太平洋・アジア→アフリカへと移り変わっていきました。その結果として、現代では空間のフロンティアはほぼ開拓し尽くされたと言えます。

本章では、まず、「ヨーロッパ的な意味での資本主義」以前の各地での資本主義の起こりについて確認した後、空間のフロンティアが歴史的にどう移動し、そして消滅に至ったかについて見ていきたいと思います。

資本主義の発生

交換・交易・市場などの経済的な事象は、資本や資本家、資本主義といった言葉が生み出されるはるか以前から人々によって営まれてきており、その対象や規模が拡大するにつれて、商業・金融・生産が、それぞれの土地や文化に応じた特色を帯びながら、社会に埋め込まれる形で発展してきました。私たちが資本主義と呼んでいるものは、こうした長い、多様な歴史に連なる現象です。

例えば、紀元前から紀元3〜5世紀にかけて存在した古代ローマや中国漢王朝においてすでに、国家による通貨の統一や遠隔地との交易が見られました。これらの帝国がその領土を維持・拡大するためには巨額の資金が必要であり、国家と市場経済とが結びつきながら発達していたのです。このように経済活動の大規模化はいまから2000年近い昔にすでに生じていたわけですが、そのような中でも自給自足が支配的であったこと、および人々の関心が資本の蓄積・回転にあったわけではないことから、この時期の経済活動は、資本主義の出現に至る途中経過として見るのがよいでしょう。

では、資本主義はいつ・どこで発生したのでしょうか。産業革命の時期にヨーロッパで発生したと考える方が多いと思いますが、より早い時期に資本主義の確立を見出すのが本書の立場です。例えば中国の宋王朝時代（960〜1279年）における対外貿易および自国内での生産の変容を見ると、明らかに資本主義的な心的傾向に基づく経済活動が生じています。また、これとあまり変わらない時期に、中東においても商業および金銭貸借といった金融の発達が見られたことをドイツの歴史家ユルゲン・コッカ（Jürgen Kocka）などが指摘しています。[9]

意外なことにヨーロッパにおける資本主義の発生はこれらの地域よりも幾分遅れていました。ただし、ヨーロッパにおける産業革命を皮切りに資本主義のフロンティア拡大がそれまでの比にならぬほどスピードアップしたのは確かです。

さて、話を戻してまずは中国における資本主義の発生について確認していきましょう。中国では、官吏を中心に信仰されていた儒教に加えて、より商業活動に寛容な仏教がインドから伝わったことで、これを信仰する商人や生産者たちによって仏教寺院が栄え、資本形成や信用供与の中心として機能したとされます。早くも紀元1世紀には中国へ仏教が伝来していたとする説もありますが、少なくとも仏典の漢訳や布教がすぐに進んだということはなく、また王朝や皇帝によっても仏教への態度が様々に異なる中で、浮き沈みを繰返していました。例えば隋の時代(581〜618年)には仏教が非常に重んじられましたが、続く唐の時代(618〜907年)には時に特定の宗派が弾圧されるなど、資本主義の中心としての一部仏教寺院と王朝の間には緊張関係があったと考えられます。

このように、中国における資本主義の発生と発達を分析する上で、王朝は極めて重要な存在です。中国における資本主義は王朝の勢力や政治方針の影響を強く受ける形で変容し、それゆえ王朝が弱体化する局面では資本主義も活力を失うことがありました。

宋王朝の時代には、現代の資本主義へと通じる重要な変化が生じます。王朝の支援と艦隊の大規模化により、海洋交易が拡大したのです。交易の対象地域は、東南アジア、インド、アラブ世界、東アフリカ、エジプトなど広範囲に及び、商業の大規模化がさらに進んだことがわかります。同時に中国国内における貨幣・市場の発達も進み、自給経済から他地域への輸出のための製造を行う形へと、生産の領域における変化が見られました。

なお、この時代の商業の発達は大部分が商人によって担われており、商人層の社会的地位が上昇したのもこの時期であるとされます。ただし、宋王朝の役割は依然として大きく、道路や運河の建設・整備の他、塩・茶などの取引の独占権を有していました。

火薬・羅針盤・印刷術という中国における三大発明も、この宋王朝の時代にあたる11世紀から12世紀に生み出されました。このように、中国における資本主義の発生に目を向けると、経済と科学技術とが絡み合いながら発展したことがわかります。

ただし、宋代における海洋交易発展の背景には、そうせざるを得ない事情がありました。北方の遼や金との緊張関係が続いており、内陸部との陸路を通じた交易が困難だったのです。外敵からの国防の必要性が高まるにつれ、王朝は商業発展の援護よりもコントロールを重視するようになっていきます。こうしたことから、経済発展が長く持続することはありませんでした。

このように、中国では早くから商業の発展や資本の蓄積が見られ、特に10世紀からの宋代において資本主義の発達が進みました。この中国型の初期資本主義の特徴は、国家との関係が緊密で、その支援やコントロールの影響を色濃く受けたことにあります。


中東においても早い時期に資本主義的な経済活動が活発化しましたが、その現れ方は中国とはまた異なりました。イスラム教が誕生したのは7世紀初頭のことで、その後、中東において、イスラム教の拡大と軌を一にして商業のめざましい発展が見られたことはよく知られています。ウマイヤ朝（661～750年）と続くアッバース朝（750～1258年）の版図拡大に伴い、アラビア半島のみならず、8世紀初めの時点で西アジア、北アフリカ、イベリア半島にまでイスラム教の影響が及びました。こうした国家勢力の拡大をベースに、アラブ人やペルシャ人の商人、船主、隊商、船乗りたちが陸と海の通商路を支配したのです。

こうした商業の発展に、イスラム教の商業に対する寛容さが寄与したことをご存じの方は多いでしょう。イスラム教の聖典であるコーランでは、商業の成否は当事者の才覚によるものとされ、商人の活動を知的労働と捉えて利潤の追求が正当なものとされます。預言者であるムハンマド自身も商人でした。商取引の契約締結、金銭の貸借、債務の回収のための基盤をイスラム教が提供していたことが、中東における経済発展を促進したと考えられています。[10]

ウマイヤ朝からアッバース朝にかけての中東地域では、自給経済が大宗を占めたものの、農業や製造業といった産業の分化も進んでいきました。一部の手工業・家内工業においては賃労働が発生したと考えられており、また地主、小作人、奴隷といった区分が形成されていったともされます。こうした労働の変質については、第4章「生産＝消費のフロンティアとその消滅」でも取り上げたいと思います。

さらに、この時代には商人同士による航海のための短期的な共同出資の形も見られた他、信用（credit）に基づく資金調達もなされたのです。なお、コーランでは商業を通じた利潤追求を是とする一方で、リバー（利子）は厳しく禁じられています。しかし、このリバー取得禁止のルールはよそ者には適用されなかったため、イスラム教徒にとってのよそ者たるユダヤ人やキリスト教徒であればリバーを伴う取引を担うことができました。こうしたルール回避の術もあって、アラビアでは信用取引が発達し、ヨーロッパよりも数世紀も前から小切手や為替が登場していたことがわかっています。

このように、商人がただ単に交易を担う存在にとどまらず、資本家としての性質を帯び始めていたこの時期が、アラビアにおける資本主義の端緒と考えられます。

中国において宋王朝の時代に経済が大きく発展し、火薬・羅針盤・印刷術といった重要な科学技術の開花が見られたのと同様に、アッバース朝においても経済発展と科学技術の進歩とが絡まり合いながら進みました。この時代の数学・化学・医学などの発展はめざましく、現代の科学技術にもつながる貢献がいくつもなされました。アッバース朝で9世紀に活躍したアル＝フワーリズミーの著作から、インドで生み出された数としてのゼロの概念がすでに中東にも伝播していたことがわかります。ゼロの概念は中東を介してその後ヨーロッパにも伝わっていきます。現在も会計で欠かすことのできない複式簿記が生まれたのも、この時代のイスラム教徒の商人によってのことでした。商業が大規模化する中で取引も複雑になり、それに対応するために複式簿記が生み出されたと考えると、この時代の商業の発展がいかにめざましかったかは想像に難くありません。ちなみに、中東で生み出された複式簿記はその後ヨーロッパへと伝わり、長らくヴェネツィア式と呼ばれるようになるのですが。いずれにせよこうした一連の事実からは、資本主義の成立と計算との関係の深さがよく見て取れます。

ここまでで、中国と中東という二つの地域において10世紀頃までに資本主義がどのように発生したかについて見てきました。**資本主義が社会に埋め込まれる形で、地域ごとの特色を色濃く帯びながら立ち現れた**ことや、資本主義の発達と科学技術の進歩が密接に関係していたことを確認いただけたかと思います。

では、同じ時期のヨーロッパがどういう状況だったかというと、俗に言う暗黒時代を迎えており、資本主義の発生や発達はまだ見られなかったのです。古代ローマにおける経済の大規模化については先に触れましたが、その後ヨーロッパでは5世紀末に西ローマ帝国が崩壊し、民族大移動の時代に入ったため、政治・経済の混乱と分断を迎えていました。古代ローマにおいて発達した貨幣は中世ヨーロッパにおいて衰退し、農業中心の自給経済が再び訪れたとされます。

こうした時代を経て、ヨーロッパにおいて資本主義のダイナミズムが感じられ始めたのは12世紀に入ってからでした。それ以降、資本主義はヨーロッパの中での重心を徐々に移動させながら、遠隔地との交易・略奪・支配を軸にフロンティアの開拓と消滅を繰り返していきます。

フロンティアとしての地中海（12世紀〜15世紀）

ヨーロッパでは、分断の時代を経て12世紀以降徐々に遠隔地交易が増え、それとともに陸海の交易の要衝であった北イタリア、そして南ドイツの諸都市が発展していきました。この時期、特に栄華を誇ったのが、ヴェネツィア、ピサ、ジェノヴァ、フィレンツェなどの北イタリア諸都市およびニュルンベルク、アウクスブルクなどの南ドイツ諸都市です。これらの地域では地中海を介してイスラム世界との交易が盛んに行われた他、バルト海沿岸地域やフランドル地方との交易もまずは定期市を通じて、後には商業都市を中心に行われていきます。

中でもイタリア北東部に位置するヴェネツィアは10世紀後半からすでにイスラム諸国と商業条約を結んでおり、イスラム世界との交易を拡大していきました。13世紀には十字軍とともに東ローマ帝国の首都コンスタンティノープルを攻略し、領土としてクレタ島と

図3　地中海地域の交易（12世紀〜15世紀）

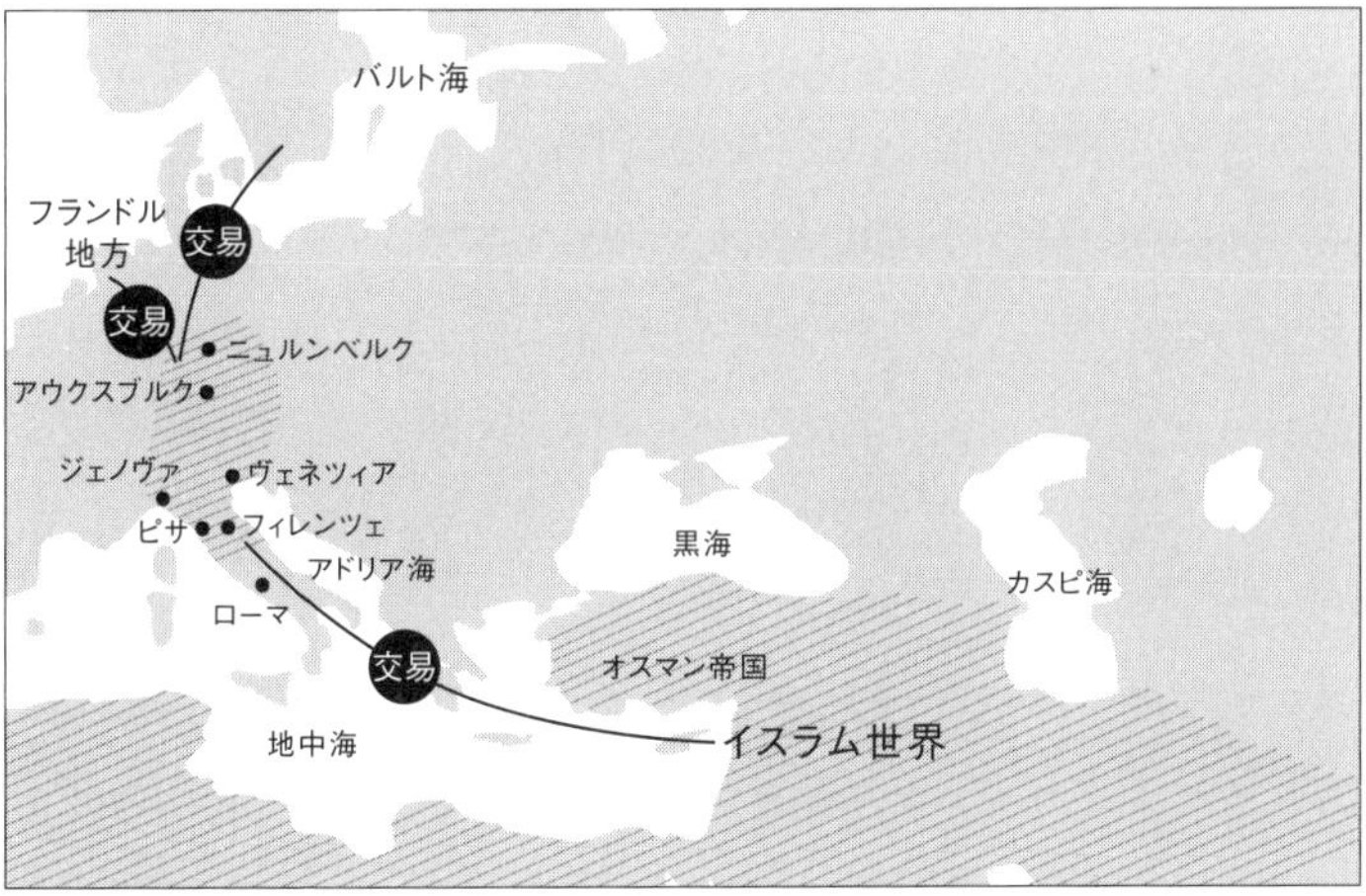

いった要所を獲得するなどアドリア海沿岸で支配地域を拡大して、東地中海貿易を支配しました。このように栄華を誇ったヴェネツィアですが、オスマン帝国の勢力拡大に伴って15世紀以降は次第に力を落とし、16世紀の半ばには地中海の制海権はオスマン帝国によって握られることになります。

こうしたことから、地中海地域を中心として ヨーロッパ経済が栄えた12世紀から15世紀にかけてが、ヨーロッパにおける資本主義の誕生と確立の時期と考えられます。この時期、北イタリアおよび南ドイツの諸都市国家にとってのフロンティアは地中海とそれを越えた先のイスラム世界でした。

なお、アジアは当時のヨーロッパからする

とまだまだ遠く隔絶された地域であり、東に広がるイスラム世界を越えて直接の交易が実現できるほどの国力も、西に広がる大西洋を渡るほどの海洋技術もありませんでした。

詳しくは次項に譲りますが、16世紀以降はヨーロッパの中でも地中海交易による恩恵の薄かった国々が新たなフロンティアを求めて大西洋へと進出します。


では、この時期の資本主義の発展について確認しましょう。交易の大規模化に伴って、大量のモノと高額な貨幣とを同時に交換する必要のないタイプの取引、つまり前払いや掛売りがなされ始めました。こうした取引は、ヴェネツィアにおいては12世紀には始まっていたことがわかっています。また、資本と経営の分離の端緒とも呼べる現象も見られました。事業の担い手である商人とは別に、資金の出し手が存在する形で会社が設立され始めたのです。ただし、この時点では長くても数年程度の期限付きの会社であることがほとんどでした。

また、こうしたヨーロッパを中心とする遠隔地交易では、長距離の物資輸送に伴うリスク低減を目的として、商人同士での協同組合が発展した点がユニークです。出身地や民族といった共通点を元に、共同で隊商や船隊が組織されました。最も有名なのは北ドイツのハンザ同盟でしょう。同盟に属する商人同士での会社の設立もしばしば見られました。信用取引も発達し、一人の商人が、商業を担いつつ金融の担い手としても機能したとされます。ハンザ同盟は北ドイツ出身の商人たちの同盟として始まり、次第に相互に独立性と平等性を保つ都市間の緩やかな同盟になっていきました。ハンザ同盟はその成り立ちからして基本的には経済的連合でしたが、時には政治的・軍事的連合としても機能しました。ヨーロッパにおけるこうした都市同盟の発達に関しては、国家の弱体化を補うようにして商人同士での密接な関係が醸成された点が指摘されています。

さて、期限付きではあるものの会社が設立されるようになったり、商人たちが長期的に相互関係を維持・発展させたりしていたことは、資本主義における時間的射程の拡大とも深く関係しています。資本主義的な心的傾向、すなわち将来のより多い富のために現在の消費を抑制し投資しようとする心的傾向は、時間が未来へ向かってまっすぐに続いていくという観念とその時間軸に沿って未来を予測したり計算したりする未来志向の営為から自然と生じるのであり、その時間的射程は長期化を志向します。

この時期の資本主義においては、一人の商人がその一生を確かなものにしようとすることを超えて、子や孫にまで続いていくような富の継承を求め始めました。有名なメディチ家はフィレンツェで台頭しましたが、フィレンツェといえば14世紀以降、遠隔地交易に加えて毛織物業と金融業が発達し、当時の資本主義の中心の一つとして繁栄した都市です。

このように、資本主義の拡大とその射程とする時間の長期化とが同時に進んでいきました。

フロンティアとしての大西洋・新大陸
（16世紀～18世紀）

16世紀になると、資本主義のフロンティアが地中海から大西洋へと移動し、広範囲に植民地を展開する植民地主義の時代に入っていきます。それに伴って、資本主義の中心は地中海に面する北イタリア及び南ドイツから、まずは大西洋に面するスペイン、ポルトガルへ、その後はオランダ、イギリスへと移行しました。

ヨーロッパの西端に位置するポルトガルやスペインは、地中海の中心に位置するイタリアなどと比べて地中海貿易による恩恵が薄かったため、地中海以外のフロンティアを開拓する動機がありました。また、イベリア半島において長きに渡って続いたレコンキスタが

15世紀末にグラナダ・アルハンブラ宮殿陥落によって終結したことや、イザベル女王らによってスペイン国内の中央集権化が進められたことなどから、国外に目を向ける力と余裕が生まれていたことも背景にあります。こうした経緯で、15世紀末以降、ポルトガルとスペインはレコンキスタを経て後退するイスラム勢力を追うような形で北アフリカへの進出を始めました。

コロンブスがイザベル女王からの出資を得て航海を行い、アメリカ大陸を発見したのはレコンキスタの終結と同じ１４９２年のことで、これ以降スペインによるアメリカ大陸の植民地化が推し進められます（ちなみにコロンブス自身はスペイン人ではなく、イタリアのジェノヴァ出身という説が有力です）。一方のポルトガルでは、探検家ヴァスコ・ダ・ガマが喜望峰を中継してインドに到達した他、両国が１４９４年に結んだトルデシリャス条約に基づいてブラジルを植民地支配しました。この条約は、ヨーロッパ以外の「新世界」をなんとスペインとポルトガルの二国で分割するという内容でした。とんでもない内容のこの条約ですが、ローマ教皇であるユリウス2世にも認められたものだったのです。

さて、スペインおよびポルトガルの大西洋・新大陸進出から1世紀ほど遅れて、トルデシリャス条約のために植民地獲得競争の埒外に置かれていた他のヨーロッパ諸国も新大陸への進出を始めます。17世紀初頭以降のイギリス、フランス、オランダによるフロンティア開拓について確認してみましょう。イギリスとフランスは北米やカリブ海において入植を進めるなど、競うようにして植民地を拡大していました。この海外植民地争奪の末に両者の間で勃発したのが、第二次百年戦争です。これに敗れたフランスは北米の植民地を失いました。一方で、戦勝国となったイギリスは広大な植民地を獲得し、後のパクス・ブリタニカにつながる大帝国としての力を増していきます。

同時代のオランダがどうだったかというと、スペインからの独立後、1602年にオランダ東インド会社（VOC）を設立してアジアに進出しました。オランダはアジアとの香辛料貿易をポルトガルから奪取し、これによって貿易による莫大な富が首都アムステルダムに流入することになります。これにより金融も発達し、17世紀はオランダにとっての黄金期と言える時代でした。

このようにヨーロッパの国々による資本主義のフロンティア開拓競争の中で、16世紀以降大西洋、そして新大陸への進出が進められました。しかし、ヨーロッパの資本主義にとっての広大なフロンティアは、アメリカの独立という形で消滅します。アメリカ独立戦争を通じて18世紀末にアメリカが独立を勝ち取り、その結果イギリスはアメリカ大陸の植民地を失うことになりました。以降は、フロンティアという概念についての説明で触れたように、アメリカによる国内のフロンティア開拓としての西部開拓が進められます。

さて、本項で扱った16世紀から18世紀の資本主義に関して注目すべきポイントとして、やはり資本主義的経済行為の主要なアクターとして企業の存在感が増していったことが挙げられます。17世紀初頭に設立されたオランダ東インド会社（VOC）を始めとして、株式会社の登場に至ったのがこの時代でした。また、企業が発展した結果、その持ち分を売買するために1750年頃アムステルダムにおいて証券取引所が発達するなど、金融の高度な進展も見られました。

加えて、ヨーロッパ諸国による大西洋進出が可能になった技術的背景についても少しだけ確認しておきましょう。例えば、コロンブスが乗ったサンタ・マリア号が有名ですが、大航海時代を代表する帆船として「キャラック船」があります。キャラック船は15世紀に遠洋航海のための船として開発されました。ヨーロッパとアフリカに挟まれた地中海と異なり、外洋である大西洋を航海するためには高波に耐えうる安定した船体が必要になります。キャラック船は大きな船体によって安定した走行と大量の交易物資の輸送を可能にし

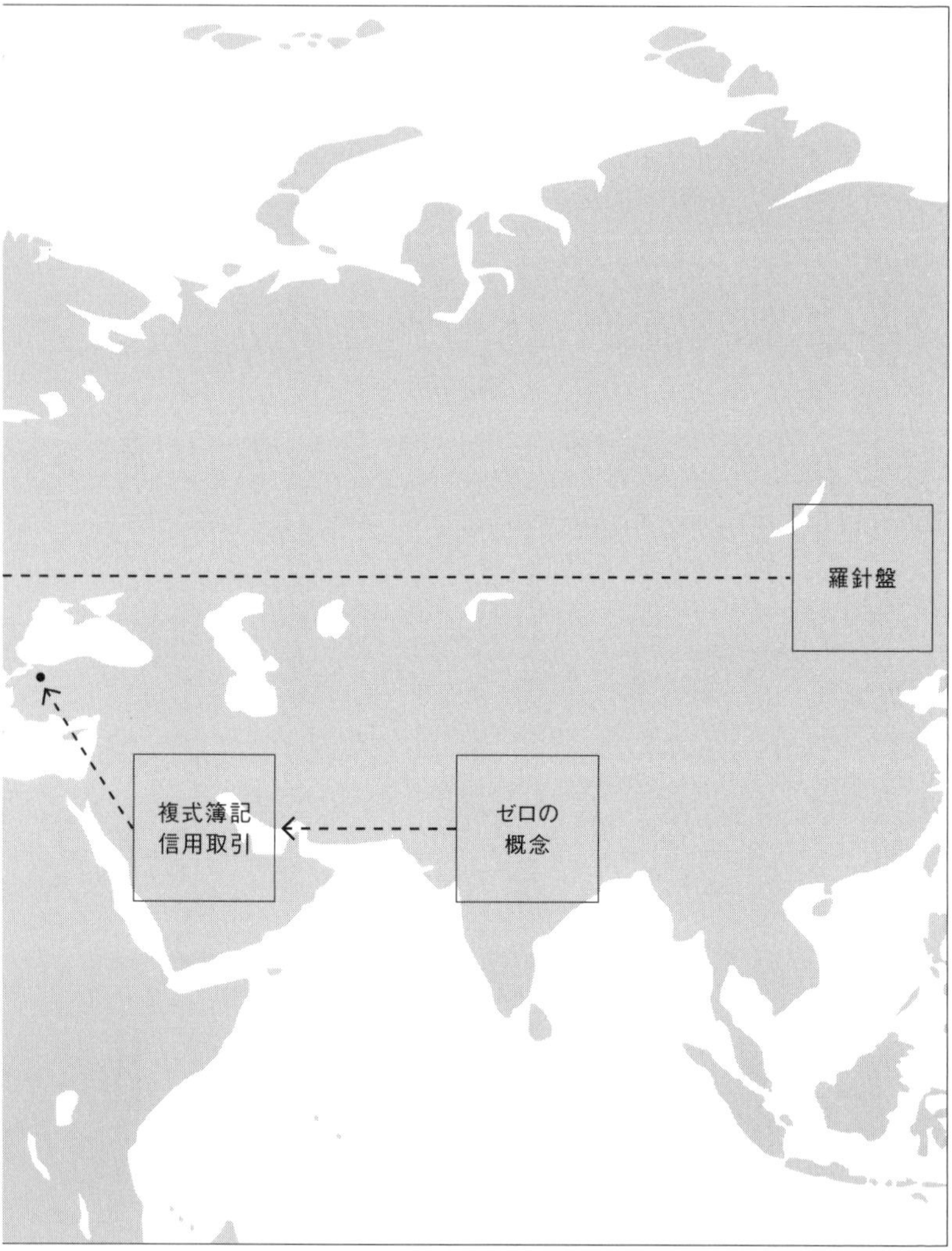
羅針盤
複式簿記
信用取引
ゼロの
概念

図4　株式会社の誕生と新大陸の発見

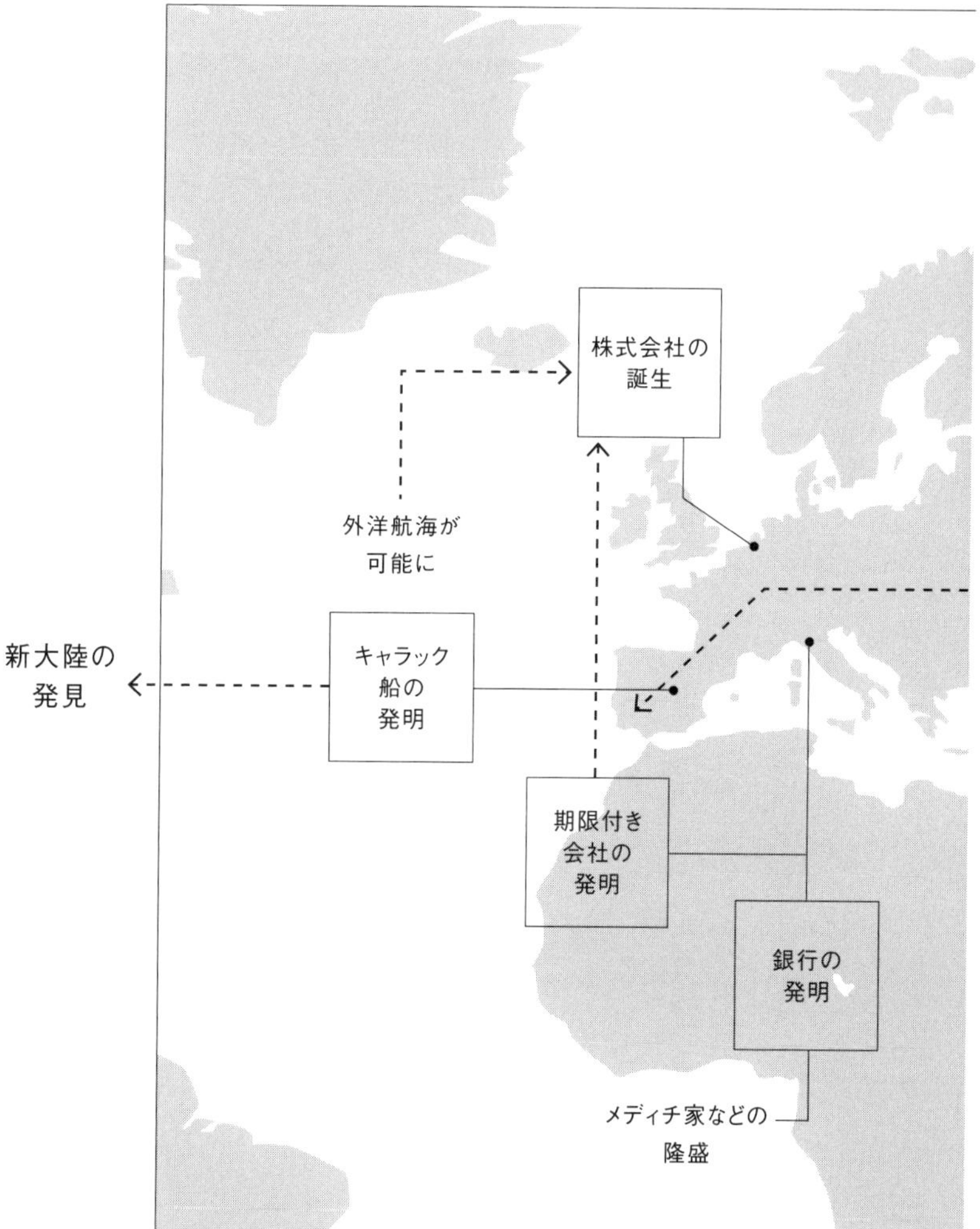

ました。加えてこの時代になると、中国で11世紀に発明されていた羅針盤がイスラム世界を通じてヨーロッパへと伝播しており、これも広い海を渡る上で不可欠な要素でした。この時代においても、資本主義の拡大と科学技術の発達とが密接に関わりあっていたことがわかります。

フロンティアとしての太平洋・アジア（19世紀～20世紀）

本項では、アメリカの独立および西部開拓によって新大陸がもはやフロンティアではなくなったことにより、次なるフロンティアとしてアジアが植民地争奪戦の主戦場になっていった時代について考察したいと思います。

さて、18世紀末に独立を果たしたアメリカでは、1869年に大陸横断鉄道が開通し、西部開拓時代に入ります。先住民であるインディアンたちを掃討しながら西部の開拓が進みました。その結果、国勢調査においてフロンティアの消滅が確認・報告されたのは、独立から約1世紀が経過した1890年のことでした。国内のフロンティアを失ったアメリカはこれ以降、ラテンアメリカおよび太平洋・アジア地域に進出していきます。

こうした動きは「海のフロンティア」開拓と呼ばれ、1898年のハワイ併合に結びつきます。また、同年に勃発した米西戦争でアメリカが勝利した結果、フィリピン・グアム・プエルトリコの獲得、およびキューバの占領を戦果として得るに至りました。

アメリカが太平洋およびアジアへの進出を進める中、ヨーロッパの国々もまた帝国主義の時代を迎えます。

なお、アジアについてはこれ以前にもポルトガルがトルデシリャス条約に基づいて植民地化を進めていたのではないかと思われるかもしれません。しかしながら、16世紀から17世紀頃と19世紀以降とでは、欧米諸国とアジア諸国の関係の質は異なっていました。

前者におけるポルトガルによるアジア進出の実態は領土の獲得ではなく、マカオに要塞を築いて拠点としていたことからもわかるように、要塞や商館の設置という形でアジアとの貿易を円滑化することが中心だったのです。その背景には、スペインが侵攻していた南アメリカ大陸と比べるとアジアには当時すでにより強固な国家が形成されており、ポルトガルによる侵攻が難しかったこともあると言われています。いずれにせよ、この時代にポルトガルはアジアを〝面〟で支配することはなく、拠点を〝点在〟させているに過ぎませんでした。それでも、従前はイスラム世界を介する必要があったアジアとの交易を、直接実施できるようにしていったという点でポルトガルにとっての経済的な意義は大きかったのです。

一方で19世紀以降のヨーロッパとアジアの関係は、これとは異なっていました。列強諸国にとってのアジアは、貿易相手から実効支配の対象へと、すなわち政治的・経済的な意味での植民地へと変容していったのです。こうした変化の背景には、ナショナリズムの発達や科学革命・産業革命による軍事力の増大などがありました。帝国主義の高まりの中で、アジアの植民地化が進み、その結果アジアで独立国として存在する国はほとんどなくなってしまいます。

この時期の、アメリカや日本も含む列強諸国によるアジア地域の植民地争奪戦に関しては、国家というアクターよりも資本主義そのものに着目してフロンティアの変遷を追うという我々の趣旨から外れるため詳細に立ち入ることはしませんが、20世紀に二度の世界大戦を経て帝国主義は終焉へと向かい、アジア諸国は独立を果たすことになります。その後、20世紀後半から21世紀にかけてのアジア諸国の経済成長を経て、太平洋そしてアジアにおけるフロンティアもまた、開拓され、消滅していきました。

さて、度々触れてきた資本主義のフロンティア拡大と科学技術発展との関係が、ここでも浮上してきました。15世紀末にインドに到達したポルトガルは、その後アジア諸国を〝面〟で支配することはできず、あくまで各地の商館を拠点とした〝点〟の関係に終始しました。この時点では、アジア地域の大半は資本主義にとってのフロンティアとして残り続けていました。一方で、17世紀における近代科学の出現や18世紀の産業革命期における科学技術の発展を経て、列強諸国とアジア諸国の軍事力や経済力の差が大きく開いたことで、19世紀にアジア諸国の多くはついに列強諸国の植民地支配下に置かれ、〝面〟で支配されることになったのです。

フロンティアとしてのアフリカ（21世紀）

ここまでで、資本主義の空間的なフロンティアが地中海から大西洋・新大陸へ、そして太平洋・アジアへと変遷した歴史を確認してきました。このプロセスの中で、地球上のかなりの地域が資本主義化していったことがわかります。そして、地球上における最後の空間的なフロンティアとして残り続けたのがサブサハラ（サハラ砂漠より南）・アフリカです。

今世紀の話に入る前に、このあたりの背景について先に確認しましょう。既に述べたように、16世紀以降は大西洋および新大陸が資本主義のフロンティアとして開拓されていったわけですが、この時代に西インド諸島やブラジル北東部で大規模なプランテーションが展開可能だった背景には、遠く離れたアフリカの存在がありました。プランテーションには広大な土地だけではなく大量の労働力が必要なため、アフリカ、とりわけ大西洋に面する西アフリカ地域から多くの人々が奴隷として「供給」されたのです。このプランテーションによって生産された砂糖は、本国たるヨーロッパ諸国へと、再び大西洋を渡って運ばれました。

このように、アフリカは資本主義から切り離されていたわけではなく、むしろ次第にグローバルに広がっていく資本主義のダイナミズムに比較的早くから組み込まれていたのです。しかし、当時の資本主義にとってアフリカはあくまでも奴隷の「供給地」という側面が強く、マーケットあるいは生産地という側面は強化されないままであったと言えます。こうした状況は奴隷貿易が廃止される19世紀初頭まで続きました。この間、アフリカ以外の地域がどうだったかというと、地中海から大西洋そして新大陸へ、19世紀以降は太平洋からアジアへと資本主義の空間的なフロンティアが移りゆく中で、多くの地域が列強諸国によって分割されていきました。

奴隷の供給地という側面以外で資本主義のフロンティア開拓の対象にならなかったことなどを要因に、この世界分割において最後まで取り残されたのがアフリカ大陸でしたが、1880年代以降は植民地化が進んでいくことになります。1884年のベルリン会議においてアフリカ分割の原則が制定され、これをメルクマールとしてアフリカの植民地政策が本格化しました。こうしたことにより、第一次世界大戦前には、リベリアとエチオピアを除くアフリカ全土がフランス・イギリス・ドイツ・ベルギー・イタリア・ポルトガル・スペインの7ヶ国によって分割支配されるに至りました。

アフリカに対する列強諸国の態度変容が生じた背景には、アフリカとグローバルな資本主義との関係における変化がありました。先に述べたように、16世紀から19世紀の半ばにかけて、アフリカはあくまでも労働力としての奴隷の供給地であったわけですが、19世紀後半には、工業用の原料生産地という側面が見出され、強化されていったのです。具体的には、ニジェール川流域で栽培された油椰子やセネガンビア（セネガルとガンビアとを合わせた地域）の落花生が、それぞれ椰子油・ピーナッツ油として加工され、ヨーロッパで工業製品の原料や機械油として用いられました。

こうした変化の背景にあったのが、ヨーロッパにおける産業革命です。産業革命はその名のとおり産業のあり方を変容させ、工業の大規模化・機械化が進みました。その過程で、大量の工業用の燃料や原料が必要とされるようになって、アフリカの資源の産地という側面が注目され始めたというわけです。なお、産業革命によって労働がどの様に変質したかについては、後の「生産=消費のフロンティア」という章で説明します。

さて、ここまで確認してきた歴史を踏まえて、フロンティアとしてのアフリカについて一旦まとめておきましょう。アフリカ、特にサブサハラ・アフリカ地域は、16世紀以降資本主義の経済システムに組み込まれていたという意味ではフロンティアとして浮上した時期は比較的早かったわけですが、長らくプランテーション労働力の供給地という位置づけに終始しており、資本主義のフロンティアは数世紀の間開拓されないままでした。しかしながら、産業革命を経て一部の地域は工業用の原料生産地としても機能し始めました。これが19世紀の後半のことです。

その後、第一次世界大戦(1914年~1918年)・第二次世界大戦(1939年~1945年)を経て、各地の植民地で独立の機運が高まっていったことは先に述べたとおりです。アフリカにおいても「アフリカの年」とも呼ばれる1960年以降に脱植民地化が進みま

図5　空間のフロンティアの移動

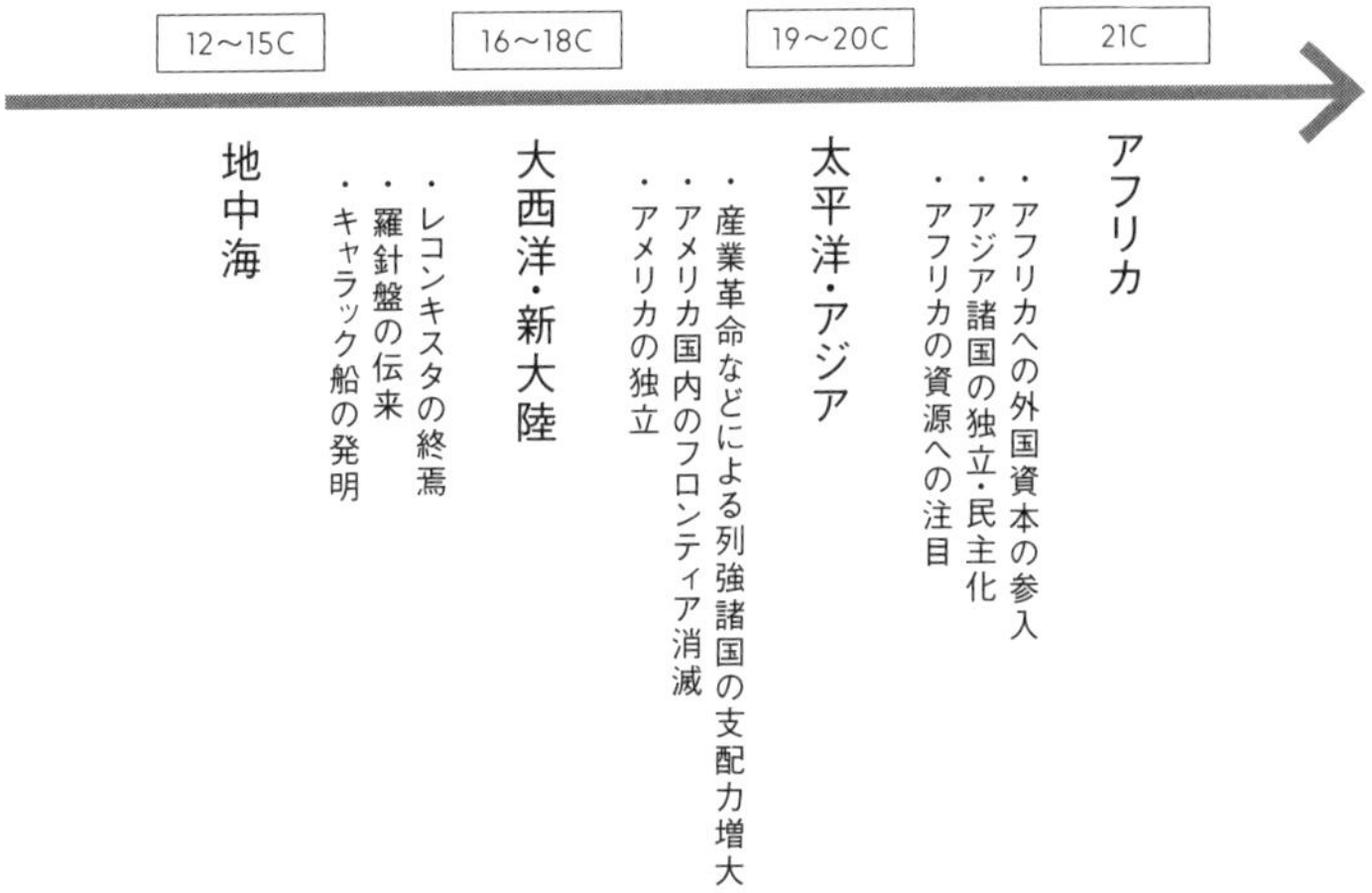

したが、独立後の内政が安定せずに内戦・紛争が起こったり、独裁政権下に置かれ民主化が進まなかったりと様々な問題を抱えていました。そのため、ダイナミックなフロンティア開拓が生じにくい状況が続き、アフリカが資本主義のフロンティアとして最後まで残るに至ったのです。

現に、サブサハラ・アフリカの総生産は1980年頃から2002年頃までの約20年間ほぼ横ばいで推移しました。[11] しかも、この間に当該地域の人口は急速に増加したため、一人あたりGDPは成長するどころかむしろ半減しています。

こうした状況が、21世紀に入ってから一変しました。外国資本の参入によって、最後のフロンティアとしてのアフリカの開発が過熱していったのです。油田探掘や鉱山開発が進み、これを背景に総生産も急激な増加に転じました。アフリカにおける資源開発が急速に進んだことと関連しているのが、こうした変化と並行して起こってきた資源価格の世界的な高騰です。原油や金属などの資源価格は、サブサハラ・アフリカの総生産が増加に転じたのと同じ2002年から上昇していきました。このあたりは4章で扱う「生産＝消費のフロンティア」の移り変わりとも関連しているため、そちらも確認していただければと思います。

このように、21世紀におけるアフリカの経済成長は、アフリカにおける内的要因よりも、先んじて資本主義化された世界によるフロンティア開拓という構図の中で進んでいきました。

新たなフロンティアとしての宇宙

空間のフロンティアについて論じてきた本章の最後では、地球の外に広がる空間的なフロンティアである宇宙について簡単に触れたいと思います。

宇宙空間が資本主義のフロンティアとして浮上してきたのは21世紀に入ってからのことです。もちろんそれ以前にもアポロ11号の月面着陸に代表されるような宇宙開発は始まっていたわけですが、20世紀における宇宙は資本主義のフロンティアとしてではなく、資本主義から切り離された空間として存在していました。

例えば、第二次世界大戦後から1989年までの冷戦期間中にアメリカとソ連の間では宇宙開発競争が繰り広げられましたが、これは宇宙空間や資源の商業的な利活用を目的としていたわけでなく、主として他国のスパイ技術の開発を目的としていました。また、宇宙開発競争は当時の米ソ間での競争の主戦場であったというよりは、その他の様々な領域において繰り広げられた米ソ間の競争のうちの一つという位置づけでした。すなわち、冷戦期間中は宇宙に限らず、政治・経済・文化・スポーツなどあらゆる分野で両者の対立が見られました。このように、冷戦期における宇宙開発のアクターは民間企業ではなく国家であり、かつ、投資によって資本を増加させようという意図が少なくとも表面的にはなかったことから、この時期の宇宙開発は資本主義の拡大とは無関係と言えます。

その証跡として、1969年にアメリカのアポロ11号が月面着陸した時点で、国家の領土拡大と宇宙開発は結びついていませんでした。その3年前の1966年に国連総会決議で採択された宇宙条約において、宇宙空間における探査と利用の自由、領有の禁止、宇宙平和利用の原則、国家への責任集中原則などが定められていたため、宇宙空間の領有権を主張できないことは米ソとも認識の上で月を目指していたことがわかります。

しかしながら、12世紀以降続いてきた資本主義拡大の帰結として地球上のフロンティアが消えつつある中で、資本主義は宇宙をもそのフロンティアへと変質させます。21世紀に入ると、アメリカ国内で宇宙ベンチャーが登場し始めました。例えば、ペイパルの共同設立者であり2008年以降はテスラのCEOも務めるイーロン・マスク氏によって、2002年にスペースX（Space Exploration Technologies Corp.）が設立されました。スペースXは民間企業で初めて有人の宇宙飛行を成功させるなど、多くの実績を築いてきました。これに限らず、ロケットの開発や打ち上げなどを行う宇宙ベンチャーはいまや数多く存在しています。

こうしたことから、資本主義における空間のフロンティアは地球上からほとんど消え去り、次なるフロンティアとして宇宙の存在感が増してきたことがわかります。

この第1部の目的は、資本主義の歴史をフロンティアという観点から振り返ることによって、各時点、そして現時点における資本主義の有り様を捉えようとする点にあります。本章では資本主義の地理的な拡大に着目して、フロンティアがどう開拓され、変遷したかを時系列で追ってきましたが、続く第3章では時間のフロンティアについて、そして第4章では生産＝消費のフロンティアについてというように、三つの角度から資本主義の拡大を捉え直していきます。こうした検討を通じて、資本主義が空間以外の面でも拡大してきており、その残されたフロンティアが少なくなってきたということがわかります。

さて、空間を含む三つの領域をフロンティアという観点から見開いていくわけですが、一般的にイメージされる歴史の流れに最も近いのはこの第2章だと思います。資本主義における時間的な射程や生産・消費がどのように変化してきたかを考えるにあたっても、本章で扱った内容が頭に入っていると理解しやすいため、本章の最後では空間のフロンティアについてごく簡単に振り返っていきたいと思います。

まず、資本主義はヨーロッパ発祥の経済システムとして捉えられていることが多いのですが、実際には10世紀頃の中国や中東において、資本の蓄積やそれによる大規模な交易、あるいは信用取引などが発達していたことを確認しました。ヨーロッパにおいてはこれらからやや遅れる形で、12世紀以降、遠隔地交易が盛んになります。このとき資本主義の中心はヴェネツィアなどの北イタリア諸都市であり、同時期の主要なフロンティアはこれらが面する地中海でした。中国や中東、あるいはその他の地域で発達した科学技術はヨーロッパにも伝播し、次第にヨーロッパ発の資本主義が世界中へと拡大していくことになります。16世紀頃に資本主義のフロンティアが地中海から大西洋・新大陸へと移ると、資本主義の中心も次第に新しいフロンティア開拓の主役たち、すなわちスペイン・ポルトガルから後にはオランダ・イギリスなどへと移りました。アメリカは独立後、自国内のフロンティア開拓を進めますが、それが完遂した後は、資本主義の主役の一人として、列強諸国とともに太平洋・アジアという新しいフロンティアの開拓に乗り出します。こうした動きの中でアジア諸国の多くが植民地支配下に置かれましたが、二度の大戦とその後の植民地独立運動を経て、20世紀半ば以降は再び独立を勝ち得ました。

21世紀に入ると、それまで資本主義にとってのフロンティアとして長らく存在し続けながらも、開拓が本格的には進んでこなかったアフリカでもついに資源開発が加熱し、現在では地球上の空間的なフロンティアはほとんどなくなったと言っていい状況になりました。本章の最後では、やや突飛に思われたかもしれませんが、地球の外に広がる宇宙空間もまた、資本主義にとってのフロンティアとして開拓される可能性があることについて触れました。これが進まないことには、資本主義が空間的に拡大していくのは最早難しいと言えるでしょう。

ただし、資本主義が志向する拡大は、必ずしも空間的な拡大に閉じたものではありません。そこで、資本主義が空間的には拡大が難しくなりつつある中で、その他の要素である時間的な拡大や、生産および消費の拡大がどの様に進んできて、現在どうなっているのかを確認するのが続く、第3章・第4章の目的になります。

注釈

9 ユルゲン・コッカ、『資本主義の歴史　起源・拡大・現在』（2018年、人文書院）
10 同右
11 平野克己、〝アフリカ経済―成長と低開発〟（2007年、アジア経済研究所：機動研究成果報告）

3 時間のフロンティアとその消滅

〈-ism〉としての資本主義の本質は、マクロな政治的・経済的システムではなく、ミクロな経済行為にあります。すなわち、一人ひとりが直線的な時間感覚に基づいて、将来のリスク・リターンに関する計算を行うことができるようになると、現在の消費を抑制し投資に回すことで将来の富を増やそうとするようになります。こうしたミクロな経済行為の集積によって、資本主義は世界全体を変えるようなうねりを生み出してきたのです。

このように、資本主義を考えるにあたって時間という概念は非常に重要です。富を増やそうとする心的傾向は、必然的に様々な方面への拡大を志向します。そしてそれは空間的な拡大だけでなく、すでに触れたように、アクターが前提とする時間的射程の長さについても当てはまるのです。

資本主義が拡大してきた歴史を、時間という観点から捉え直してみようというのが本章の試みです。

時間的射程とは何か

議論に入る前に、「アクターにとっての時間的射程」という概念が何を意味するのかについて、いま一度確認しておきましょう。

私が普段の生活の中でつくづく感じるのは、現代社会においては「未来から逆算していまの行動を決める」考え方や行動様式が人々に染み付いているということです。例えば、夏休みの最終日までに宿題を終わらせるためには1日あたり2ページずつ漢字ドリルを進めないといけないとか、期末試験までに各教科の対象範囲を復習し直すためには2週間前から勉強を始めないといけないとか、大学4年生で楽をするためには1年生のときにこのくらいの単位数を取っておきたいとか、10年後にマイホームを買うためには毎月の生活費をこのくらいに抑えて、残りを貯金に回さないといけないとか。

このような理屈で現在やるべきことを決めるやり方はごくごく当たり前に思われるでしょうが、人類の長い歴史を振り返れば全く当たり前ではないのです。

新石器時代に農耕が始まるまで、人類は狩猟採集を生業としていました。[12] 狩猟採集社会においては、基本的に生存に必要な分だけ食料が確保されていたと考えられています。ここでのポイントは、食料が不足傾向だったからぎりぎりの食料しか確保できなかったというわけではないという点です。むしろ、こうした社会では、必要以上の食料を確保できる環境であったにもかかわらず、過剰な生産に時間を割くことよりも余暇が選択されていたのです。

こうした狩猟採集社会における行動様式は、先に漢字ドリルやマイホーム貯金の例で示したような振る舞いとは根本から異なっています。過剰生産よりも余暇が優先されるということは、「将来」必要になるであろう食料を見積もって、それに備えて「いま」食料を多めに確保しておくという考え方ではないからです。**狩猟採集社会において、アクターの時間的射程は「将来」には及んでおらず、「いま」にフォーカスされている**と言えます。

一方で、資本主義社会に生きる私たちが見据えている時間の射程は、夏休みの宿題や期末試験においては数週間先まで、大学生活においては4年先まで、マイホーム貯金においては10年先までというように、遠い未来まで伸びています。普段何気なくやっている、「想定される未来から逆算して現在の行動を選択する」という行動様式が、必ずしも当たり前ではないということがおわかりいただけたでしょうか。

このように、社会によってアクターが射程に入れる時間の長さは異なっており、資本主義が拡大を志向する中で、空間だけでなく、時間的な射程もまたどんどん広がってきたと私は考えています。そこで、こうしたアクターが射程とする時間の広がりを時間のフロンティアと定義した上で、その変遷を確認していきたいと思います。

時間的射程の拡大：1日から1年へ

さて、狩猟採集社会において最低限の食料確保よりも余暇が選択されるということは、「将来のより多い富のために現在の消費を抑制し投資しようとする心的傾向」は見られないということです。こうした特徴から、狩猟採集社会は（未来志向ではなく）現在志向の社会と言えます。「いま」にフォーカスするわけですから、時間のスコープという意味では“Living for today”（その日暮らし）から取って、〝1日〟としておきましょう。[13]
次に、前資本主義的な農耕社会に目を向けてみます。農業においては、種を蒔いてから収穫まで何ヶ月もの時間が必要です。このように生産のタイムラインが長期化したことの帰結として、消費のタイムラインについても狩猟採集社会との差異が生じます。つまり、「いま」の消費を「将来」のために抑制し始めるのです。人々は収穫物を消費し尽くすことは決してせず、保存しておき、次の収穫の時期まで少しずつ消費していきます。ここにおける時間のスコープは、農耕社会において季節のサイクルに合わせた生産が行われることから、(数ヶ月〜)〝1年間〟と設定するのが適切でしょう。

1年より長い期間はスコープに入っていなかったのかと疑問に思われた方もいるかもしれません。たしかに農耕社会において、「いま」の消費を抑制して数年に渡るような長い期間の食料を確保しようという試みが一切なされなかったとは言い切れませんし、実際に1年を越える期間保存され、少しずつ消費された例もありました。しかし、基本的には生産された農作物は一定の期間・リズムで消費されていたと考えられます。食料が腐敗するという面もありますが、何より、多くの集団で富の独占や蓄積を禁じる慣習があったのです。例えば、第1章に挙げたアルジェリアの農民たちの例では、農業にまつわる儀礼や、家を建てるにあたって自分の属する集団に手伝いを頼んだ場合のお礼という形で、気前よく食事を振る舞うことが求められます。

ここで注意しなければならないのは、**農耕社会において「いま」の消費が抑制されてい**

る状態と、本書で定義する資本主義的な心的傾向とは本質的に異なるという点です。資本主義においては、単に消費が先送りされるのではなく、「いま」の消費を抑制した上で、抑制によって生じた余剰が「将来」のより多い富のために投資されるのです。再び種籾の例を挙げると、収穫した米を次の収穫まで少しずつ消費していくのが前資本主義的な農耕社会の特徴であり、マルクスが単純再生産と呼ぶものにあたります。一方で、消費を抑制することで種籾に回す米を増やし、翌年の収量を増やそうとするならば、それは資本主義における拡大再生産の色合いを帯び始めます。

まとめると、狩猟採集社会においては時間のスコープが〝1日〟であったものが、前資本主義的な農耕社会においては〝1年間〟へと伸びました。ただし、それは生産のタイムラインの変化に起因する消費の抑制であって、富の増大を志向することによるものではなかったと言えます。

時間的射程の拡大：一生、そして子孫へ

さて、狩猟採集社会においては1日、農耕社会においては1年という長さが、アクター

の時間的な射程であることを確認してきました。この長さは、資本主義が発生して以降どのように変化していったのでしょうか。

資本主義が最初に発展したのは10世紀頃、宋代の中国とウマイヤ朝からアッバース朝にかけての中東においてでした。この時代における資本主義の主要なアクターは商人です。自給経済が中心的な中にあって、商人は遠隔地交易の担い手として活動し、富を手にしました。そして次第に、その〝生涯〟に渡る富の蓄積が進んでいくのです。

資本主義においては、効率を求める運動の中で様々な要素の機能分化が進んでいきます。狩猟採集社会や農耕社会と比較すると、この頃の商人は社会へ埋め込まれる（embedded）程度が小さくなっていたと考えられます。このように、個としての商人において富の蓄積が生じ資本主義の担い手になったことと、商人が集団を均一化しようとする圧力からある程度自由に活動していたこととは関係していると言えるでしょう。ただし、程度や状況の差はあれど、商人たちの活動内容は国家や社会の影響を受け、社会や時代によって異なる様相を示していたことは先に確認したとおりです。

ヨーロッパにおいては、西ローマ帝国の崩壊以降分断の時代を迎え、市場経済や貨幣の衰退が生じたとされています。そのような状況下、ヨーロッパにおける資本主義の発生と発達は中国や中東よりも数世紀遅れる形で、12世紀以降に進みました。ここにおいても、初期の資本主義における中心的なアクターは商人でした。ヴェネツィア、ピサ、ジェノヴァ、フィレンツェを始めとする北イタリア諸都市およびニュルンベルク、アウクスブルクといった南ドイツ諸都市の商人たちは、イスラム世界やフランドル地方などの他のヨーロッパ各地との交易を担うことで富を獲得していきました。ヨーロッパにおいても、資本主義が発達し始めた段階においては、商人たちによる富の拡大の時間的なスコープは彼らの生涯に及び、またとどまっていたと言えます。

富をもつことと清貧を重んじるキリスト教のカトリック的な思想との間に齟齬があったというのは定説になっています。ただし、中世以降資本主義が発達する中にあって、13世紀の神学者であるトマス・アクィナス(Thomas Aquinas)が「欲とは単なる富への欲望ではなく、富への節度なき欲望である」と言ったように、富自体が悪であるという考え方から富をもちすぎることが悪であるのだという考え方へと少しずつ変化が生じていきます。

さて、富に対する意識の変化が徐々に生じていたとはいえ、蓄財や高利貸しに対する罪の意識および社会的な批判があったことで、資本主義の時間的なスコープが長期化しづらかったということはあるでしょう。例えば、14世紀に活動し、15世紀初頭に逝去したダティーニ（Francesco di Marco Datini）というイタリアの商人についての記録が残っています。ダティーニは晩年、商業活動を離れて各地を巡礼して歩きました。彼はまた、断食や、教会・修道院への資金や土地の寄進をすることで、商人として富を築いたことに対する贖罪を行います。しかし、彼の罪の意識は消えず、最終的には貧民救済のために自らが設立したマルコ貧民救済基金に全財産を寄贈する旨の遺言を書き残しました。[14] ダティーニは決して突出して成功した商人というわけではなく、むしろ中堅的な商人であったとされます。それでも、蓄財への罪の意識に苛まれ、商業で成した財産を子孫に残すには至りませんでした。

このように、商人が築いた富を自分の生涯という長さにとどめず、子孫に受け継がせたいという思いがあったとしても、14世紀頃まではそれを押し止めるような規範意識が存在していたと推測されます。

14世紀から15世紀にかけてイタリア・フィレンツェにおいてメディチ家が台頭したときにも、彼らの富や高利貸しという生業についての批判や非難がありました。しかし、それはキリスト教の教義という観点からの純粋な批判というよりは、幾分政治的な色合いを帯びつつあったと考えられます。というのも、メディチ家批判の急先鋒であった人文学者の背後には、実はメディチ家と対立する高利貸しであるアルビッチ家（Albizzi）がパトロンとして存在していたのです。[15] なお、メディチ家自体も教会への寄付などの慈善行為を行っており、キリスト教的な規範から完全に自由だったというわけではありません。

このように、資本主義の発達とともに富に対する考え方が次第に緩和していったこと、および、〝家〟側がキリスト教の体制との関係深耕を進めたこともあり、15世紀以降、一人の商人の〝生涯〟から何世代も続く〝家〟へと時間的なスコープが伸びていったと考えられます。フッガー家がドイツ・アウクスブルクで本格的に発展したのも、15世紀以降のことでした。フッガー家は鉱山業・金融業を営む事業家ですが、同時に、カトリック体制に対する資金提供者という顔も持ち合わせています。このように、資金の見返りとして〝家〟の紋章に象徴されるような正統性を得ることで、富の獲得と長きに渡る繁栄を強固なものにしていきました。

〝家〟が資本主義の重要なアクターになったことで、時間的な射程は大きく伸びました。フッガー家が台頭したのは15世紀以降と書きましたが、彼らが栄華を極めたのは16世紀のことですから、１００年以上にも渡って富を保っていたわけです。

時間的射程の拡大：ゴーイング・コンサーンへ

〝家〟の繁栄と前後して、いまでは資本主義の主役とも言える企業の原型も生まれました。12世紀以降資本主義が発達した北イタリア諸都市では、遠隔地交易の大規模化に伴って必要な資金やリスクが増大しました。そこで、複数の商人たちがお金を出し合って航海を行う共同出資が見られるようになります。ただし、こうした共同出資に永続性はなく、基本的には航海が終わると利益を分け合って解散する形でした。

このような数年限定の会社はその後も多く作られ、北イタリアにおける銀行業の発達と相互作用しながら、信用取引や保険といった新しい形での資金集め・リスクオフの手段が発達していきました。なお、同時期にはハンザ同盟のような商人同士の団体も見られますが、こちらは時間的射程という観点からは重要度が低いと言えます。国家が未発達な中にあって広い地域で商取引を行っていくための、商人同士・地域同士の横のつながりという側面が強く、時間的な広がりを企図したものではなかったからです。

さて、こうした数年限定の企業の形に転機が訪れたのは、１６０２年のオランダ東インド会社（VOC）設立によってでした。すでに確認したように、VOCは期限を設けない有限責任の企業であるという点で世界初の株式会社です。その出資者は218人にものぼり、証券取引所で会社の持ち分を取引することも可能になりました。

時間のフロンティアという観点では、それまで航海ごとに解散していたため、長くとも数年に限られていた会社の存続期間が、VOCの登場によって積極的には期限を設けないというように大きく引き伸ばされた点が非常に重要です。

以降、資本主義の中心的なアクターは個々の商人やその子孫を含む〝家〟から、企業へと移り変わっていきました。資本主義の主役として、権利関係に基づく企業が、血縁関係に基づく〝家〟に取って代わったことは、近代化と資本主義の拡大とが並行して進む中で生じる典型的な出来事と言えるでしょう。すなわち、様々な側面で見られるゲマインシャフト（Gemeinschaft／地縁や血縁によって自然と形成される集団）からゲゼルシャフト（Gesellschaft／特定の目的のもとに作為的に形成される集団）への移行の一つとして理解されます。

続いて、株式会社の発達と証券取引の拡大とが絡まり合いながら進んでいったプロセスに簡単に触れたいと思います。結論を先取りすると、このプロセスの中で、外部の株主に対する健全で公正な情報開示の仕組みづくりが進んでいき、現在広く企業に求められる

「ゴーイング・コンサーン」（Going Concern）が徹底されるようになっていきます。先に紹介したように、ゴーイング・コンサーンとは企業が将来に渡って存続し、事業を継続していくという前提のことを指しており、資本主義における時間の射程が想定し得る無期限の未来にまで及んでいることをよく表す例です。

さて、証券取引所の歴史という意味では、株式会社が生み出されるよりも前から、為替手形や公債証書の取引はなされていました。16世紀には貿易で栄えたアントワープに証券取引所が作られています。ただし、ここでは株式や債権の取引は行われていませんでした。私たちが現在イメージするような証券取引所は、17世紀の初めにVOCが設立されるのと同時にアムステルダムで開設されました。VOCの株式は自由に譲渡できたため、このアムステルダム証券取引所で取引がかわされたのです。

その後、株式会社と証券取引所の仕組みはイギリスを始めとする諸国に広がり、今日では世界各地に証券取引所が設けられています。なお、日本においては江戸時代の中期にあたる1730年に大坂で堂島米会所が開設され、米の先物取引が行われていたことが有名ですが、株式の取引所が設立されるのはより時代を下った19世紀後半のことでした。1878年に渋沢栄一らによって設立された東京株式取引所が日本初の証券取引所であり、現在の東京証券取引所の前身にあたります。

このようにして証券取引所の登場と発達によって株式の取引が活発化していく中で、株主の流動性は高まり、所有と経営の分離が進みました。その結果、会社の外部にいる株主にとっては、会社の中で起こっている実態を知ることが難しくなります。悪意をもった経営者であれば、都合の悪い事実を隠すことで株価の下落を防ぐことができるわけです。しかし、そのような状況では安心して株式の取引を行うことができませんから、株主に対する情報開示の制度が整えられていくことになります。

その仕組みの一つが、先に触れたゴーイング・コンサーンの前提に照らして企業の継続性を脅かすようなリスクがある場合に、それを公にしなければならないというルールです。具体的には、企業の貸借対照表（バランスシート）が示す時点において、ゴーイング・コンサーンの前提に重要な疑義を生じさせるような事象や状況が存在し、その事象または状況を解消・改善するための対応をしてもなおゴーイング・コンサーンの前提に関する重要な不確実性が認められるときに、その内容を「継続企業の前提に関する注記」として決算情報に載せなければなりません。

こうしてゴーイング・コンサーンがスタンダードとなったいま、株式会社が登場したと

図6　アクターが前提とする時間の射程の変化

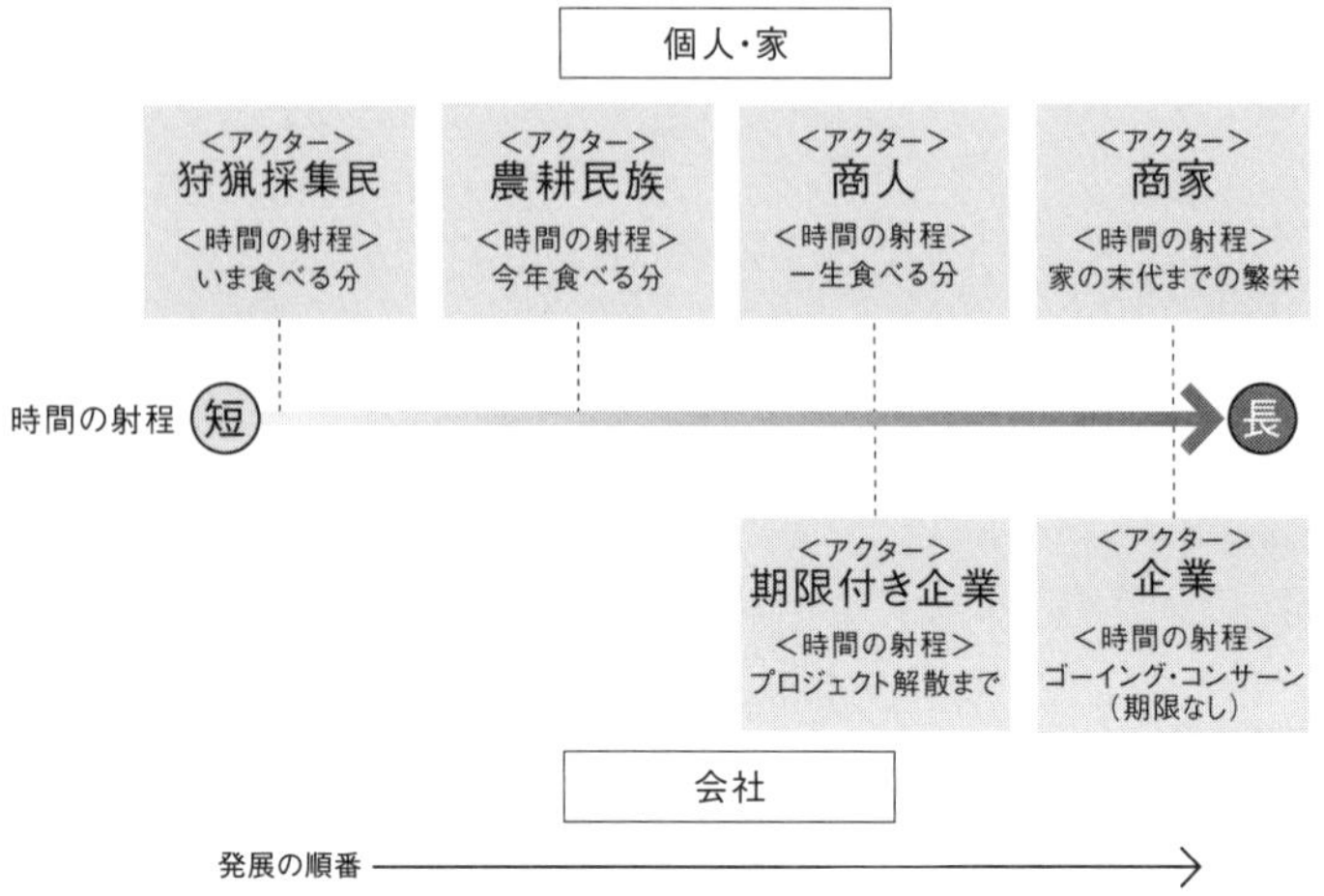

きのような、企業が〝積極的には期限を設けない〟状態というよりは、企業を〝無期限に継続させる〟前提へと、未来を確かなものにしようとする強度が増したことがわかります。

時間のフロンティアに関するここまでの議論を一言で表すと、資本主義における中心的なアクターが前提とする時間の長さがどんどん長期化してきたということが言えそうです。未来について推測し、それに基づいてリスクやリターンを計算することで、投資の意思決定を行い、富を増やそうとするのが資本主義における基本的な運動です。

このような心理は必然的に、計算に含める

未来の長さ、すなわち手中にしようとする時間の射程を長期化させます。

本章では、歴史の流れを追うことで、時間のフロンティアがどのように開拓されてきたかを確認してきました。狩猟採集社会において〝1日〟だったものが、農耕社会においては〝1年〟へ、そして資本主義の発生以降は、商人の〝生涯〟から子孫へと続く〝家〟へと、時間的な射程が伸びていきました。企業はもともと1回の航海ごとに精算される前提で〝数年〟を射程にしていましたが、株式会社の登場と発達とともに、それが〝無期限〟へと伸び、いまでは継続性に疑義がある場合には正しくそれを把捉し、公にすることが求められるまでになりました。

企業の時間的射程という意味では、これ以上拡大しようがないほどの未来が現在に織り込まれています。これは、資本主義の時間のフロンティアが、現在から未来に向かう直線的な時間軸の上で開拓され尽くし、消滅したことを意味しているのです。

注釈

12 狩猟採集社会から農耕社会へ、そして工業化社会への発展というような、いわゆる社会進化論の話をしているわけではない点に注意が必要です。ここでは、各タイプの社会における主要な経済的アクターが、どれだけの長さの時間を射程に入れるのかに着目しています。

13 厳密には、狩猟採集社会においても簡単な干し肉などの保存食、つまり未来のための生産は見られます。しかし基本的には過小生産傾向が広く見られるため、その他の社会と比較した場合、時間的なスコープは短いと言えます。

14 イリス・オリーゴ、『プラートの商人―中世イタリアの日常生活』（２００８年、白水社）

15 堺雄一、〝中世ヨーロッパの遠隔地交易と危険対策（４）〟、（２００２年、『生命保険論集』（１４０））

4 生産＝消費のフロンティアとその消滅

空間・時間に加えて、生産＝消費の領域も資本主義のフロンティアたり得ます。生産＝消費のフロンティアは、生産量や消費量を増やすことと、生産性を上げることに分けることができます。

まず、生産量については、生産を増やせばその分売れるという状況であれば、人口の増加や空間のフロンティア拡大に応じた市場の拡大がフロンティアたり得ます。しかし現在では、モノが行き渡っている上にモノの耐久性も上がっていますし、そもそもインターネット上の無料コンテンツの増加などにより、可処分時間の奪い合いが発生するなど、モノ同士の過当競争が生じているような状況です。すなわち、モノを作れば売れるという時代ではなくなっており、生産量の領域におけるフロンティアは消滅しつつあります。

生産性の領域は、イノベーションによって生産コストを下げたり、安価な労働力を投入したり、安価な資源を投入したりすることによってフロンティアであり続けてきました。しかし、イノベーションにより生産コストを下げるといっても、ゼロにはなりません。モノを作っても売れないということからもわかるように、現代のモノの生産効率は十分良くなっているといって差し支えなく、イノベーションによる生産コスト削減が生産性のフロンティアたり得る余地は少なくなってきています。安い労働力についても同様で、すでに東南アジアなど人件費の安い場所に工場を移そうという動きは行われ尽くしており、さらなる安い労働力を探すことは困難になっていますし、労働力の買いたたきに対する批判も起きています。資源については、再生可能エネルギーといった代替エネルギーが出てきてはいるものの、コストなどの面で課題がある状況です。したがって、生産＝消費のフロンティアは、生産性、生産量、消費量ともに限界が来つつあると思われます。

この章では、この生産＝消費のフロンティアについて詳しく見ていきます。

生産＝消費のフロンティアとは何か

空間のフロンティアはイメージしやすいと思いますが、「生産＝消費のフロンティア」という考え方は本書独自のものなのでまずはこれについて説明します。

ここでいう生産とはごく一般的な意味で、農作物・工業製品などのモノを作り出すことを指しています（議論をシンプルにするため、サービスの提供は生産に含めないこととします）。生産されたモノは最終的には消費者によって消費されるわけで、生産がどんどん拡大しているときには基本的に消費もどんどん拡大しています。このように生産と消費という対の関係をなす領域にフォーカスして、資本主義がどのように生産＝消費の領域を拡大させてきたのか、そしてそのフロンティアがいまどうなっているのかを考えるのが本章の目的です。

生活に必要な道具や家電がほとんどの家庭に行き渡り、１００円ショップなどで安価に便利なモノを手に入れられる現代は、「モノ余りの時代」とも言われています。モノが余ってしまっているわけですから、新しく生産したモノを売ることも難しくなっています。生産に携わる方にとっては厳しい時代です。良いモノを作ってもなかなか売れないので、消費者が真に求めているモノを知るための方法や、生産したモノを消費者に訴求するための方法が模索されています。

「良いモノ」を作るために講じるありがちな手立てとして、消費者にアンケートを取って欲しい機能を聞くという手法があります。しかし、実際のところ、この方法はあまり有効ではありません。というのは、消費者がアンケートにおいて「〇〇という機能があったら欲しいですか?」という問いに対して「はい」と答えることと、実際に店頭で、あるいはネットショップで購入を検討し、購入することの間にはかなりの距離があるからです。消費者が自分の欲しいモノについて正しく理解していることはほぼないと思っておいたほうがよいでしょう。

それでも、新しいモノが生み出されたときに、「まさにこういうモノが欲しかったんだ」と事後的に消費者が思うケースは多々あります。iPhoneが登場したときのことを思い出してみてください。「スマートフォンが欲しい」と明確に意識していた消費者はいないはずです。しかし、ポータブル音楽プレイヤーと、電話と、ノートパソコンがそれぞれ別の端末として存在していて、別々に持ち歩かないといけないということに潜在的な、自分でも意識しない心理的レイヤーでの不満を抱えていた消費者がいたところにiPhoneが具体的な形で提示されたことで、初めてその不満が可視化されたということになるわけです。

では、潜在的な不満や暗黙のニーズはどのように捉えればよいのでしょうか。

私は、文化人類学という学問の調査手法を応用して、消費者の「言っていること」ではなく「(知らず知らずのうちに)やっていること」を観察し、分析することによって消費者の深層心理を探求する活動を行っています。文化人類学におけるフィールドワークでは、「○○ということですか？」と明示的な質問をして回答を額面どおり受け取るのではなく、調査対象者の生活そのものを、生活の中に溶け込んで観察することを通じて、調査対象者の行動がどういう原理で生み出されているかを検討します。このように、行動観察を通じて消費者の潜在的な不満や要望を明らかにするのが文化人類学的な調査の強みです。

さて、少し脱線しましたが、モノが売れない状態は資本主義にとっても重要な局面と言えます。売上からコストを差し引いた残りが利益ですが、この利益をより収益性の高い事業に再投資することによって得られる利益をさらに増やすということを繰り返すのが資本主義における経済活動の基本です。したがって、モノを売って売上を作らないことには話が始まりません。

空間のフロンティアについての議論で確認したように、資本主義はその歴史を通じて空間的な拡大を続けてきましたから、空間の広がりに応じて市場や資源が基本的には増加し、生産＝消費の拡大も続いてきました。しかしながら空間のフロンティアが消滅しつつある現在、空間の拡大に合わせた生産＝消費の拡大が望み薄であることは明らかです。そこで、本章では市場や資源といった要素も踏まえた上で、生産＝消費の拡大余地すなわちフロンティアが、どのように変遷し現在に至っているかについて検討していきます。

より具体的には、消費・労働力・資源という三つの観点でのフロンティアの変化について見ていくことになりますが、それは本章の後半に譲ることとします。まずは生産＝消費と資本主義の関係についての理論的枠組みから議論を始めましょう。

生産＝消費と資本主義

人類は資本主義が生じる以前から様々な生産活動を営んでいました。生活や消費の単位と生産の単位とがしばしば重なり合っており、家族や氏族などの共同体において協力して米やタロイモといった食料の生産を行い、収穫した食料は共同体の成員間で再分配・消費されるというような構図です。こうした伝統的な生産活動において利潤が追求されることはありません。

なお、このような社会は自分たちが生産したものだけを消費するという意味での純粋な自給自足であったというわけではなく、共同体を越えた交換も行われていました。例えば「クラ」が有名です。クラはトロブリアンド諸島およびその周辺の島々を含む広域において、島から島へと装身具が交換されていく現象です。この交換圏内において、「ソウラヴァ」と呼ばれる赤い貝で作られた首飾りと、「ムワリ」と呼ばれる白い貝でできた腕輪とが、それぞれ逆回りの円環状に動いていくことを、文化人類学者のブロニスワフ・マリノフスキー（Bronisław Malinowski）が明らかにしました。[16] これら二種類の装身具の交換には、遠くの島に住む交換相手とも個人間および集団間での社会関係が構築、維持されるという社会的・政治的な機能があるとされます。そしてクラでは、ソウラヴァとムワリの交換に伴って、その他の品々の交易も合わせて行われるのです。このように交換には、必要な物資を手に入れるという直接的な機能と、人々のネットワークを構築し、社会の紐帯を強めるという間接的な機能とがあり、市場経済の発達如何《いかん》を問わず広く営まれてきました。

少し話はそれましたが、生産が家族などの共同体の中で行われ、もっぱらその枠内で消費されていた状況から、工場で人と機械とが大量のモノを生産し、流通を介して生産者とは別の消費者に届けられる現代の状況へと、生産＝消費の形が大きく変化してきたことがわかります。

こうした変化は一足飛びに生じたわけではありません。途中の段階に見られた変化として、例えば、家庭の領域において無償で行われていた労働が、家庭内で行われる賃労働へと変容していったことなどが挙げられます。このような生産・労働における変化は極めて重要です。**資本主義の発生と商業の発達とが先行していた中で、生産の領域が資本主義のフロンティアとして措定され、資本主義に組み込まれていった**プロセスを示しているからです。

生産・労働に対する資本主義の干渉は、より具体的には以下のように始まったと考えられています。遠隔地交易の担い手として資本を蓄積していった商人たちが、商品を仕入れるために、生産者に対して生産物の内容・数に関する注文を出し始めたのです。このように注文に対応する生産が行われ始めたことを一つの契機として、生産の自律性は徐々に低減し、発注に応えるものへと変質していったと言えるでしょう。こうした例が、家内制手工業へと至る重要な道筋の一つです。

さらに商人たちの中には、生産者に材料を前貸ししたり、道具を提供したりする者も現れ始めたことがわかっています。こうすることで生産者による生産の質や量をコントロールしようとしたわけです。生産のための材料や設備を自前で所有しないという点で、生産者は資本をもたず、労働力だけを供する存在へと変質していきました。

13世紀以降、フィレンツェやフランドル地方における毛織物業でこれらの変化が顕著になり、またさらに進んでいったと歴史家であるコッカは指摘しています。生産者たちは実質的な出来高の賃金を受け取るようになり、独立した労働であったものは賃労働へと移行していきました。ここに、家内制手工業（生産に必要な原材料や道具などを生産者自らが所有し、自宅において手作業で生産を行う形式）から問屋制家内工業（生産者が問屋から原材料の前貸しや道具の提供を受け、自宅において手作業で生産を行う形式）への転換が見られます。

このように、18世紀後半に産業革命が起きるはるか以前から資本主義が発生していたばかりか、資本主義は生産の有り様を変容させ、生産をコントロールしていたのです。資本主義は空間や時間を拡大させることを通じてのみならず、生産のコントロールや改良をも通じて拡大していったのであり、それゆえ、生産の領域を資本主義のフロンティアとして捉えることによって、資本主義の拡大の歴史と生産の変遷との関係を正確に把握できるようになると私は考えています。

なお、本項の目指すところは生産や労働と資本主義との関係性をわかりやすく示すことであって、生産・労働の領域についての歴史を網羅しようとする意図はありません。それゆえ、資本主義の拡大の中で生じた労働の変質という観点では奴隷制の歴史を忘れてはならないということだけ付言することとします。

産業革命と資本主義

さて、その後の生産はどのように変化していったのでしょうか。

先述した家内制手工業や問屋制家内工業から産業革命へと至る中での重要な段階として、「プロト工業化」(Proto-industrialization)がありました。経済史家のフランクリン・メンデルス(Franklin Mendels)によれば、イギリスにおいては17世紀から18世紀にかけて、そしてイギリスから1世紀ほど遅れる形で他のヨーロッパ諸国においても、工業化の第一段階であるプロト工業化が進行しました。[17] その特徴は、ある地域の中で農村部における問屋制家内工業と都市部における比較的大規模な商業的農業との分化が起きていたこと、そして問屋商人からの発注を受けて生産された織物や金属製品が、域外へと輸出されていっていたことにあります。

これによってヨーロッパの複数の地域において農村工業が成立していきました。例えば18世紀にフランスの工業生産が年率1~2%で成長し続けたのは、主に農村部におけるプロト工業化のためと考えられています。

また、こうした中で地域や年代によっては生産のより発達した形態が見られるようにもなり、マニュファクチュア経営を伴う問屋制も登場しました。例えばドイツ・シュヴァルツヴァルトにおいては、5000人もの紡績工、織布工、繊維手工業者たちを束ねて毛織物などの生産を行う企業があり、彼らの多くは問屋制家内工業の形で、すなわち自宅で生産にあたっていたものの、一部はマニュファクチュアの形で、すなわち工場へ出勤する形で作業に従事していました。

これらのことから、資本主義が生産の領域を次第に変容させていったことをおわかりいただけたかと思います。空間のフロンティアが産業革命よりもはるか以前からダイナミックに遷移していたことを考えれば、ここで見たような労働の質的変化や生産の大規模化が産業革命以前にすでに生じていたことに何ら不思議はないでしょう。

生産の質的な変化という観点では、ここまでで見てきたような生産の領域における労働の変質、特に賃労働の発生のほうが、産業革命によって引き起こされた変化よりも重要であったと私は考えています。では生産の領域において産業革命がもたらした重要な変化とは何なのでしょうか。それは、生産の性質ではなく、生産量・生産性における変化に違いありません。

実は、プロト工業化の段階においては生産技術の大きな進歩は見られなかったと考えられており、生産＝消費のフロンティア開拓は緩やかでした。これに対して、18世紀後半に始まる産業革命においてはそれまでの手工業に代替する機械が発明され、工場制機械工業が確立しました。また、蒸気機関の登場によって、生産技術とエネルギーに大きな変化がもたらされもしました。例えば、アメリカでは１８６９年の大陸横断鉄道開通を皮切りに西部開拓が精力的に進められていきましたが、この大陸横断鉄道も、遠く離れたイギリスにおいてニューコメンやワット、スティーヴンソンといった発明家による蒸気機関の開発・改良がなされなければ実現しなかったわけです。

18世紀後半からの産業革命を契機としたこのような変化を経て、19世紀には先進各国において工業化が本格化し、大規模な工業が発達しました。20世紀になると機械などのさらなる発達によって、生産性も格段に向上していきます。

空間のフロンティアについての章で繰り返し確認したように、資本主義の拡大は多くの場合に科学技術の発展を伴いました。それゆえ、科学技術の大きな発展が見られた産業革命が資本主義の拡大を強く後押ししたことは容易に想像できます。このように、**産業革命が生産の領域に引き起こしたのは、生産量と生産性の急速な拡大であり、産業革命を皮切**

りに生産＝消費のフロンティアの猛烈な開拓が進んでいくこととなります。

イノベーションとコモディティ化のサイクル

生産と一口に言っても、産業も生産される製品も多種多様です。それらの生産性や生産量＝消費量の変遷について個別に見開いていくのは本書の趣旨から外れるため、まずは議論を方向づけるために、生産の領域におけるフロンティアの開拓と消滅がどのように進むかの思考実験から始めたいと思います。

やや唐突に思われるかもしれませんが、**資本主義においてはイノベーションとコモディティ化のサイクルが回り続けています。**

ある商品の生産と販売によって大きな利益が得られているとします。たとえイノベーションによる画期的な商品の開発がなされて、初期的には当該市場での独占状態を実現できていたとしても、その状態は長くは続きません。その大きな利益を求めて、他の企業が当該市場へ参入してくるためです。同質の商品が棚に並んでいる場合、消費者は価格の安いほうを選びますから、企業間での価格競争が生じます。すると企業は価格を下げるのと

図7　イノベーションとコモディティ化のサイクル

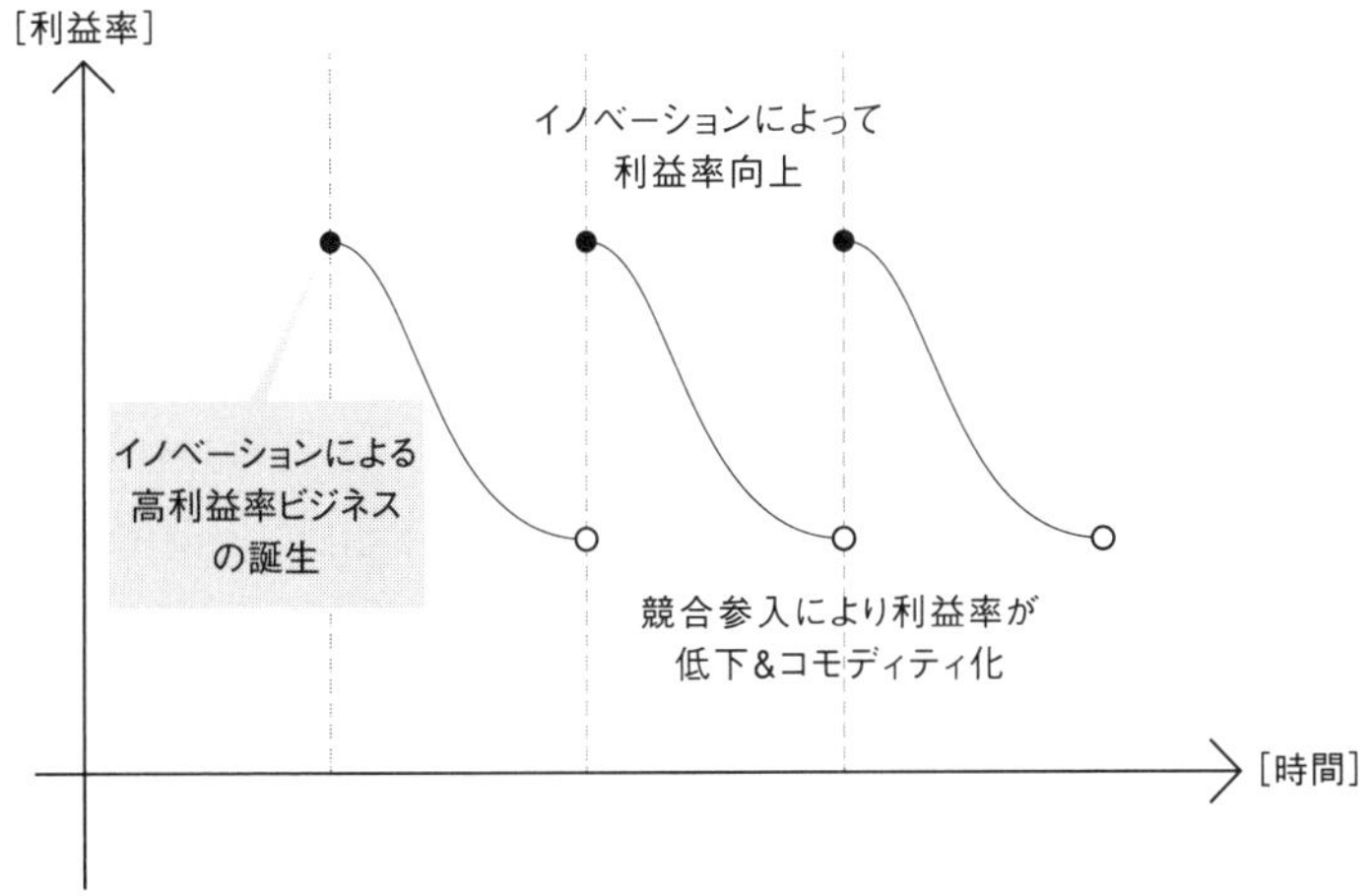

並行して、大抵の場合コスト削減も進めて利益の確保を図るでしょう。しかしコストはゼロにはできませんし、コスト削減を目指すのは他社も同様です。それゆえ、競争が進む中で利益は次第に縮小していきます。最終的に市場には、同じような価格の同質化された商品（コモディティ）があふれることになります。これがコモディティ化です。

さて、ある商品の生産を通じて得られる利潤が小さくなると、より大きな利潤を獲得するために投資の方向性を変える必要が生じます。基本的には、より大きな利潤が得られるような新たな商品を生み出すために研究開発などが進められるでしょう。あるいは、同じ商品について大幅なコスト削減を可能にする画期的な方法が模索されるかもしれません。

これらは方向性こそ異なるものの、いずれもイノベーションを通じた生産のフロンティア拡大です。そして、成功裏にイノベーションが起きて利益が増加すると、また利益を求めて競合が参入し、コモディティ化が進む……というように、イノベーションとコモディティ化を繰り返していくわけです。

ちなみに、上で「同じ商品について大幅なコスト削減を可能にする」ことをイノベーションと表現しましたが、これについて疑問に思われるかもしれないので経済学者でありイノベーション概念の生みの親でもあるヨーゼフ・シュンペーター（Joseph Alois Schumpeter）について簡単に触れておきます。シュンペーターによれば、イノベーションは以下の五つに類型化されます。[18]

- 新しい財貨の生産
- 新しい生産方法の導入
- 新しい販売先（販路）の開拓
- 原材料や半製品の新しい供給源の獲得
- 新しい組織の実現（独占の形成やその打破）

このように、新商品の生産ということに限らず、例えば先に例示したような同じ商品の生産方法を刷新するということもイノベーションとされるわけです。もちろんシュンペーターの考えが絶対というわけではありませんが、ここでイノベーションの定義や類型化について細かく議論しても仕方がないので話を本題に戻したいと思います。

以上の思考実験で、イノベーションによって生産のフロンティアが作り出され、その開拓のうちにコモディティ化が進んでいくということ、そしてそのサイクルが繰り返されていくということを示しました。資本主義における経済活動の主体が利潤を求め続ける以上、こうしたサイクルは不可避であると言えます（特殊な条件下で独占や寡占が続いている場合を除きます）。

消費のフロンティアとその消滅

さて、やや抽象的な議論ではありましたが、資本主義においてイノベーションとコモディティ化のサイクルを通じて生産のフロンティアが拡大していくというイメージを摑んでいただけたかと思います。なぜこの議論をしたかというと、こうした形で特に産業革命以降急速に進んできた生産量・生産性のフロンティア拡大が、色々な要因によって難しくなってきていることを示すためです。

まずは生産量のフロンティアについて見ていきましょう。産業革命後の工業化の進展とともに、生産可能な量という意味での生産量のフロンティアはどんどん開拓されていき、概して消費可能な量を上回る生産能力を獲得しました。そのため、生産量のフロンティアは現在、消費の領域のフロンティアによって規定されていると考えられます。

大量生産・大量消費の時代の特に初期においては、モノ自体が不足しているためどんどんモノが売れていきます。アメリカにおいては20世紀初頭のT型フォードの大量生産が、日本においては第二次世界大戦後の自動車や家電の大量生産が、それぞれの国における大量生産・大量消費時代を象徴しています。こうした旺盛な消費と高度経済成長は表裏一体であり、日本では1955年から1973年までの約19年間における実質経済成長率が平均して約10%にも達していました。これにより、また人々の所得水準が上昇していたことも背景に、大量の消費がなされ、様々な耐久消費財が普及しました。

モノがある程度家庭に行き渡った後も、イノベーションとコモディティ化のサイクルを通じて、古い製品を修理して長く使うよりも高スペックな新製品に買い換えるほうが安く済むような状況が作り出されていきました。このようにして、工業化によって訪れた大量生産・大量消費時代には、フロンティアの新規開拓と消滅を繰り返しながら、生産量は大きく拡大しました。

しかし、日本においては1970年代の二度のオイルショックを契機として経済成長が鈍化し、高度経済成長は終わりを迎えます。特に1990年代初頭にバブルが崩壊してからは「失われた20年」に突入し、低成長が続きました。1991年から2019年までの経済成長率は平均にしてわずか0·9%であり、消費の動向にも大きな変化が生じることとなります。

このような社会情勢と関連して、先進諸国では少子高齢化の時代に突入し、国内市場での消費の伸びが期待できないこと、消費者の嗜好の多様化が進み、人と同じモノよりも個性を演出するモノが選好されるようになったこと、環境意識などの高まりのため大量消費によって生じる大量廃棄が問題視されるようになったこと、加えて情報通信コストの低下により無料あるいは安価に楽しめるコンテンツが増加したことなど、様々な要因によって大量消費の傾向に歯止めがかかりました。モノ余りの時代が訪れたのです。

さらに、国内の消費が伸びないとしても空間のフロンティアが新規開拓されている間

図8　世界の人口の推移・予測

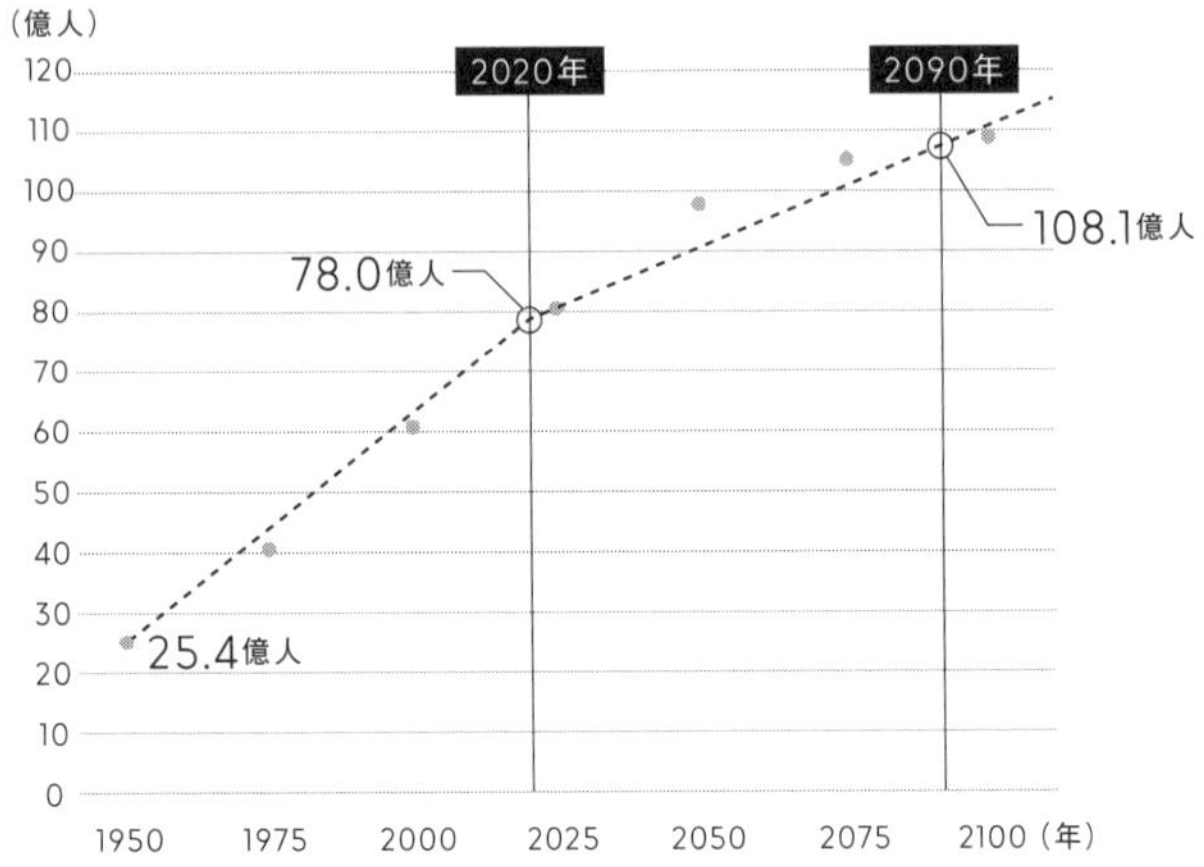

出典:国際連合「World Population Prospects 2019」をもとに作成

は新しい市場も増えていきますが、空間のフロンティアもまた消滅しつつありそれが難しいことを私たちはすでに確認しました。世界における消費者の数という観点では、2020年の世界の総人口は約77億9500万人でした。70年前の1950年は総人口約25億3600万人であったことから、この70年間で世界の人口は52億人以上増加し、3倍以上になったことがわかります。一方でこれからはどうかというと、国連による中位推計値を参照すると、約70年後の2090年の総人口は約108億9900万人と、引き続き増加はするものの伸びが緩やかになっていることがわかります。[19]

こうしたことから、国内外の市場における消費量の拡大は徐々に頭打ちに近づきます。これは、生産量のフロンティアが消滅を迎えつつあることを意味しています。

労働力のフロンティアとその消滅

次に、生産性のフロンティアについて見ていきましょう。先に確認したように、売上が拡大せずともコストが下がれば利益を増やすことは可能なため、消費が頭打ちになり生産量のフロンティアが消滅したとしても、コスト削減を通じた生産性向上の道はあるわけです。もちろん技術革新によって生産性のフロンティアを拡大することは可能ですし、その取り組みは今後も続けられていくでしょう。

これに加えて、生産コストの削減という観点ではあと二つの要素が、歴史的に極めて重要な役割を果たしてきました。それが、労働力と資源です。資本主義の空間的な拡大とも密接に関わることですが、安価な労働力と資源とを次々に確保、投入することによって、生産性のフロンティアは開拓されてきました。しかし、これもまた消滅を迎えつつあるのです。

歴史的に、最も非人道的な形で労働力が買い叩かれた例は奴隷制です。奴隷制は様々な形式をとりながら、有史以来の長きに渡り存在してきたとも言われます。例えばローマ帝国においてすでに奴隷制の農園であるラティフンディウム（貴族たちが奴隷を使役して果樹などの栽培を行った。複数形でラティフンディアとも言う）が営まれていました。長い奴隷制の歴史の中でも最も大規模に組織化されたのは、スペインやポルトガルを筆頭としたヨーロッパ諸国によって大西洋そしてアメリカ大陸が開拓された時期に始まったもので、アフリカから多くの人々が奴隷として新大陸へ連れていかれました。18世紀以降は奴隷貿易廃止運動が活発化したことで、こうした形の奴隷制は19世紀に廃止へと至りましたが、何世紀もの間無償ないし非常に安価な労働力として奴隷が生産に投入され、生産性のフロンティアが広げられたことは忘れてはなりません。

奴隷制が廃止された後も、安価な労働力を求めたグローバルな運動は続いています。先進国と発展途上国とにおける人件費の差を利用して、安価な労働力が手に入る地域で生産を行い、生産物がより高く売れる地域で販売を行うという構図はスタンダードになっていると言っていいでしょう。

しかしながら、すでに確認したようにいまや地球上に空間のフロンティアはほとんど残されていませんから、労働力のより安い地域へという運動を続けていくのには限界があります。加えて、こうした活動の一部は倫理的な観点から次第に批判を浴びており、フェアトレードなどを通じて労働力および生産物の過度な買い叩きを抑止しようという動きもあります。

このようにして、生産コスト削減の代表的なファクターとしてあり続けた安価な労働力の投入には限界が見えてきました。

資源のフロンティアとその消滅

次にもう一つの重要なファクターである資源について見ていきましょう。ご存じのとおり、産業革命以降急速に進んでいった工業化は、石炭や石油といった資源の利活用と密接に関係しています。18世紀後半に始まった産業革命自体が人力や薪炭から石炭へのエネルギー資源の転換と切り離せない現象ですし、その後も19世紀後半以降は石炭から石油へというエネルギー資源の転換が見られ、ガソリンを利用する自動車や飛行機の実用化および普及をもたらしました。また、石油はエネルギー資源としての利用以外にも、化学繊維やプラスチックの原料としても広く使われるようになり、これらを用いた製品が世にあふれるようになりました。

このように、資本主義の急速な拡大は膨大なエネルギー資源の投入に支えられていたわけです。空間のフロンティアがどんどん広がっているうちは新たな資源産出に期待できましたが、最後の空間的フロンティアとしてのアフリカでも21世紀に入って以降、資源開発が積極的に進められてきました。そうした中、石油などの化石燃料の埋蔵量には限りがあることから、利用の果ての枯渇が危惧されています。この点が生産性のフロンティアに限りが見えてきたことを示す一つ目のポイントです。

なお、代表的なエネルギー資源である石油の枯渇に対応するため、太陽光・風力といった再生可能エネルギーやシェールオイル・オイルサンドなどの非在来型資源への移行が図られています。しかしながら、本書を執筆している時点では、再生可能エネルギーでは電力の出力変動があったり、非在来型資源では採掘コストが高かったりといった諸課題を抱えているため、「安価な」資源の投入によって生産性のフロンティアが拡大していくというこれまでのダイナミズムとは現時点では切り分けています。

二つ目のポイントとして、資源の枯渇がなくとも資源起因で生産性の悪化が生じ得るということがあります。例えば1970年代のオイルショックでは、1973年の第一次オイルショックの前後で1バレルあたり2～3ドルから11・3ドルへと原油価格の急上昇が引き起こされました。これを受けて生産コストも大幅に高まり、モノを作っても割に合わないというような状況に陥りました。この1973年をもって、日本の高度経済成長は終わりを迎えることになります。1970年代に起きた二度のオイルショックの直接の契機は、第一次オイルショックにおいては第四次中東戦争とそれに続く原油公示価格の引き上げ、第二次オイルショックにおいてはイラン革命によるイランでの石油生産の中断でした。このように、政治的な要因でもって資源価格の高騰が生じると、それによって生産性の悪化が引き起こされます。

政治的な要因以外でも、資源価格の高騰が引き起こされることがあります。2003年以降、原油を中心とする資源価格が高騰し始めましたが、これは戦争や需給の逼迫によるものではなく、主として大量のファンド資金が資源先物市場に流入したことによるものとされています。[20]詳しくは後述しますが、膨張したマネー経済が実体経済と必ずしも連動しない形で資源価格に影響を与えており、こうしたことも生産性のフロンティアを開拓する上では難しい要素です。

ここまでで消費・労働力・資源という三つの面で生産＝消費のフロンティアについて検討してきました。資本主義が拡大してきた長い歴史を通じて、特に産業革命が起きた18世紀後半から1970年代初頭にかけては、生産＝消費の領域においてもフロンティアの急速な拡大が見られました。しかし、消費（マーケット）の拡大および安価な労働力の投入においては限界が見えてきており、資源にも課題が見られる現在、残されたフロンティアは大きいとは言えません。

注釈

16 B・マリノフスキ、『西太平洋の遠洋航海者』（2010年、講談社）

17 Mendels, Franklin F. (1972). "Proto-industrialization: the first phase of the industrialization process". Journal of Economic History.

18 ヨーゼフ・シュンペーター『経済発展の理論』（1977年、岩波書店）

19 国際連合による世界人口予測を参照 ： The 2019 Revision of world Population Prospects

20 平野克己、〝アフリカ経済―成長と低開発〟（2007年、アジア経済研究所 ： 機動研究成果報告）

5 伝統的なフロンティアは消滅した

空間・時間・生産＝消費の伝統的なフロンティアの消滅

本書の目的は、資本主義の最前線でいま何が生じているのかを紐解くことにあります。そのために第1部では、空間・時間・生産＝消費という三つの領域について資本主義の伝統的なフロンティアがどのように移り変わってきたかを通時的に検討してきました。それぞれについて簡単に振り返りたいと思います。

まず空間に関して押さえておきたいのは、資本主義の発生以来、資本主義にとっての中心とフロンティアが遷移してきたという点です。資本主義は10世紀前後に中国や中東で発達し、12世紀頃からは北イタリア諸都市を中心にフロンティアとしての地中海地域に拡大しました。16世紀になると、資本主義のフロンティアは大西洋へと移動し、スペインやポルトガルが台頭し始めます。続く17世紀には他のヨーロッパ諸国も大西洋や新大陸へと進出を始め、資本主義のフロンティアは新大陸へ、中心はオランダやイギリスへと移動しました。18世紀末にアメリカが独立して以降は、フロンティアは太平洋およびアジア地域へと広がり、その中心もまたイギリスからアメリカへと移り変わっていきました。こうしたフロンティアの変遷を経て、21世紀に入ると最後のフロンティアたるアフリカでも資源開発が加熱し始めます。かくして地球上の全域が資本主義に取り込まれる形になり、現在では空間的なフロンティアはほぼ消滅した状態です。ただし、広大な宇宙空間とそこに眠る資源は新たな空間のフロンティアとしての資質を備えており、長期的な目線では必ず重要なフロンティアとして台頭することでしょう。

次に時間のフロンティアに目を向けました。資本主義の前提になるのは直線的な時間感覚と計算可能性であり、これらに基づいて人々は未来について予測し、現時点においてどのように行動するのがよいかを検討しています。資本主義の歴史を紐解くと、こうした未来を射程とする時間がどんどん長くなっていったということがわかりました。つまり、時間的な射程が、いま（Living for today）→生涯→家→期限付きの企業→無期限（ゴーイング・コンサーン)というように長期化し、ゴーイング・コンサーンにおいては企業が無期限に続くという仮定にまで至っているのです。こうした状況になっている現在、すでに未来へと広がるフロンティアはないに等しいと言えます。

最後に生産=消費の領域についてです。モノ余りという言葉に象徴されるように、モノの飽和や少子高齢化に加えて新規市場としての空間のフロンティアが消滅したことなどにより、消費の頭打ちが起きており、生産量のフロンティアは拡大の余地がなくなりつつあります。

また、生産性という観点でも、安価な労働力と安価な資源とを無尽蔵に投入できる時代は終わり、生産性の向上は主に今後の科学技術的な進展に懸かっています。

このように以上の議論を総合すると、いずれの領域においても広大なフロンティアが広がっていたり、容易に広げたりできるような状況ではなくなってきていること、すなわち資本主義のフロンティアが消滅してきたことがわかります。それゆえ、いまが資本主義にとっての重要なターニングポイントであり、新たに生じている諸現象の最たるものが、本書のテーマでもある「アイデア資本主義」なのです。

資本主義と金利の関係

前項では空間・時間・生産＝消費という領域に分けて議論してきた内容を振り返り、フロンティアの消滅が訪れていることを確認しました。しかし念の為、フロンティア消滅に関する議論のダメ押しとして、三つの領域で語ってきたことがどういう意味をもつのかについて少し違う角度から考えてみたいと思います。

本項で資本主義のメルクマールとするのは、主要国の国債金利です。国債金利とは、国債に投資した場合の利回りのことです。国債は市場で流通しており、その価格は需給に応じて変動します。国債が償還されるときの金額は予め決まっていますから、いくらで買ったかによって国債の実質的な金利も変わることになります。

具体例を挙げてみましょう。１００万円で償還される残存期間1年の国債を98万円で購入したとすると、国債金利は（100万円÷98万円－1）×100で約2・0％ということになります。仮に全く同じものを95万円で購入できたとすると、国債金利は（100万円÷95万円－1）×100で約5・3％です。このように、国債の価格が安くなるほど国債金利は高くなり、

図9　フロンティアと金利の関係

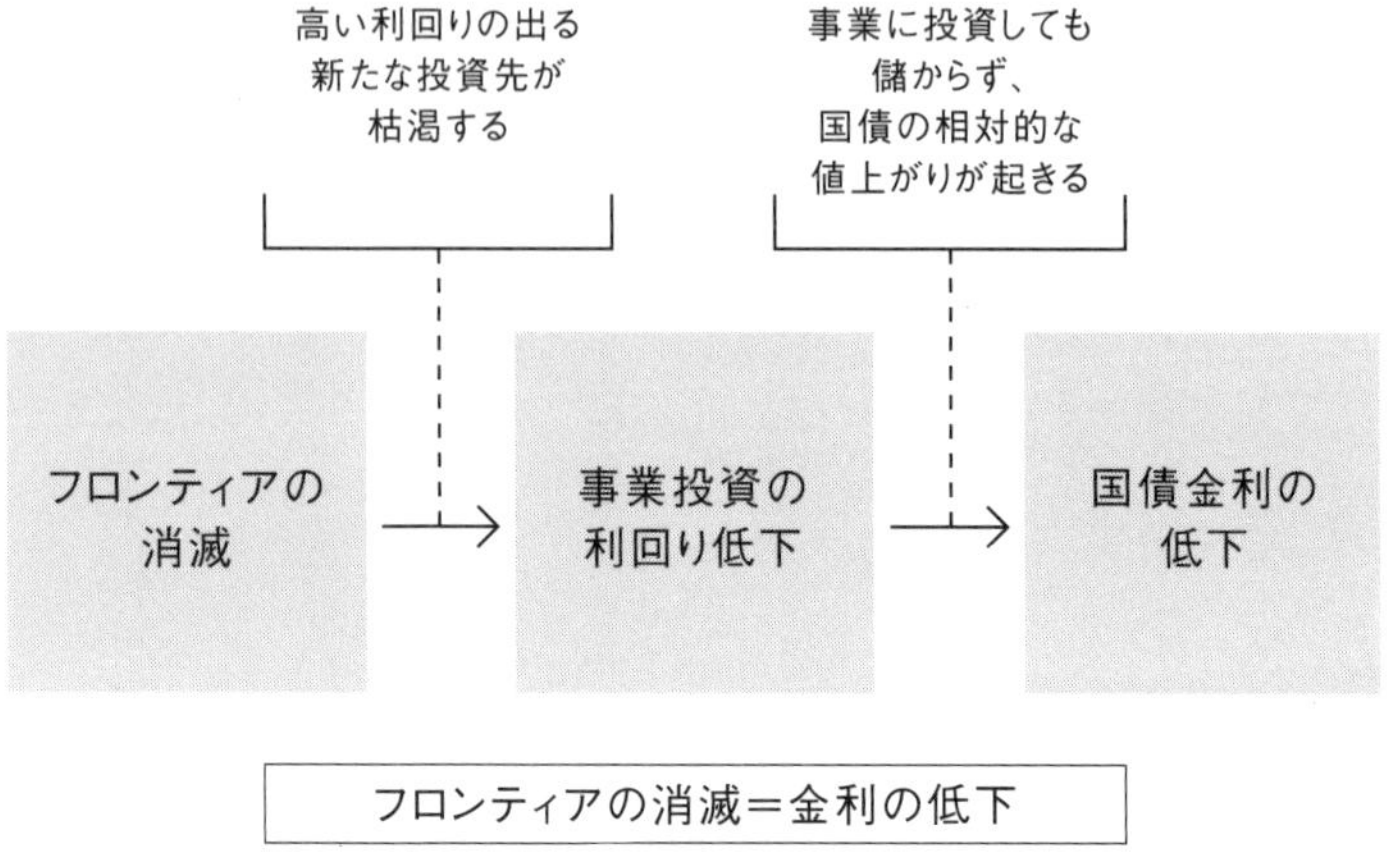
高い利回りの出る
新たな投資先が
枯渇する
事業に投資しても
儲からず、
国債の相対的な
値上がりが起きる
フロンティアの
消滅
事業投資の
利回り低下
国債金利の
低下
フロンティアの消滅＝金利の低下

反対に価格が高くなるほど国債金利は安くなります。

したがって、単純化すると、投資対象としての国債の魅力が相対的に低いとき、国債の価格は下落し、国債金利は上昇します。例えば、ある事業を営むことによって得られる利回りが10％で、一方の国債金利が5％とすると、国債を買うよりも事業に投資したほうが得です。このように、国債の需要はその他の投資対象との比較によって決まってきます。

すなわち、資本主義と国債金利との関係は以下のようになります。資本主義のフロンティアが大きく広がっているとき、すなわち事業を拡大していくことによってどんどん儲けられるときには、国債よりも事業に投資したほうが高い利回りが得られるため、国債の価格は下落し、国債金利が上昇します。逆に、**資本主義のフロンティアがなくなり、事業に投資したとしてもわずかな利回りしか得られない状況では、国債の投資対象としての魅力が相対的に高まりますから、国債の需要は増加し、国債金利が低下します。**

次項に移る前に、債券にも色々な種類がある中でなぜ主要国の国債金利をメルクマールとするのが適切なのかを補足しておきます。国債以外の債券といえば企業が発行する社債や、地方自治体が発行する地方債などがあり、これらの利回りも参照可能です。一方で、これらと比較して主要国の国債には、

①発行体の信用（credit）の高さ
②発行体自体の存続期間の長さ
③流動性の高さ

といった特徴があります。

まず①に関しては、発行体の信用が低かったり信用の度合いを示す格付けが短期間に上下したりする場合、それが利回りにも影響するため、利回りの推移比較に向いていません。国、とりわけ主要国は個別の企業や地方自治体と比べて信用が高く、また安定しているの

で、長期的な利回りのメルクマールとして適した発行体です。

次に②ですが、第1部では資本主義の発生から拡大、そしてフロンティア消滅に至る長い歴史を見開いてきました。資本主義の歴史との対応関係を見るためにできるだけ長い期間について利回りの推移を見ていきたいわけです。そうした観点からも、その他の発行体よりも相対的に歴史が長い国の発行する国債、特に、それぞれの時代における主要国の国債が適しています。

最後に③ですが、先程説明したように、国債金利は市場での取引を通じて変化します。国債以外の多くの債券は、流動性が低く相対取引で取引されることも多いため、利回りの推移を表す一般的な指標として扱うのは不適切です。以上より、発行体の信用の高さ・存続期間の長さ・流動性の高さという点で、資本主義のメルクマールとしては国債が適していると考えられます。

金利の歴史に見るフロンティアの消滅

資本主義にどのくらいのフロンティアが残されているのかを国債金利から推し量ること

ができるということをご理解いただけたところで、国債金利の歴史的な推移に目を向けていきたいと思います。ただし、債権が自由市場で売買される以前の時代についても考察の対象に含めるため、必ずしも時代を通じて同じ条件での比較ができるわけではありません。

さて、歴史を遡ると、1619年にイタリア・ジェノヴァでつけられた1・125%という利率が、長きに渡って史上最低の長期金利であり続けました。記録に残っている範囲で最も古い金利は、シュメール人たちが楔形文字を用いてタブレットに記録した金利です。[21] これが紀元前3500年以降のことであり、17世紀初頭のジェノヴァにおける1・125%という利率はおよそ5000年に及ぶ長い金利の歴史の中で明らかに低いものであったと考えられています。なお、この歴史的な低金利は瞬間的な値ではなく、当時のジェノヴァにおいては金利が2%を下回る時代が11年間も続きました。そしてこの時期は、イタリアにおける資本主義のフロンティア消滅と重なっています。

ジェノヴァといえば、12世紀以降に地中海貿易で栄えた北イタリアの都市です。資本主義にとってのフロンティアは、12世紀から15世紀にかけては地中海であり、この時期にジェノヴァも繁栄しました。しかしながら16世紀以降はフロンティアが次第に大西洋へと移っていきました。アナール学派を代表する歴史家であるフェルナン・ブローデル（Fernand Braudel）は、当時のイタリアで銀・金があり余っており、投資先を見つけるのが難しかったと書いています。[22] そうした状況下、17世紀初頭にジェノヴァにおいて1・125％という歴史的な低金利がつけられたのです。ここにおいて明らかに、魅力的な投資対象がなくなった結果として国債の価値が相対的に上昇し、国債金利が低下するという、先に説明した現象が生じていることがわかります。

このように、資本があり余り、行き先を失った状況は「**資本のコモディティ化**」と呼び得るものです。

さて、ジェノヴァでは資本のコモディティ化が起きて歴史的な低金利に直面しましたが、同時期にはすでに資本主義における空間のフロンティアが大西洋へと拡大しつつありました。アジアとヨーロッパの間の直接貿易が盛んになったことや、新大陸が発見され、植民地化されていった歴史についてはすでに確認したとおりです。時の覇権国となったオランダの金利は、1600年の時点で6～7％であったと記録されています。このように、資本主義にとっての空間のフロンティアが開かれているときには、魅力的な投資先が数多くありますから、国債金利は上昇します。

その後、17世紀から19世紀にかけて国債金利は緩やかに低下しつつも、概ね2％台後半

図10　主要国の長期金利推移

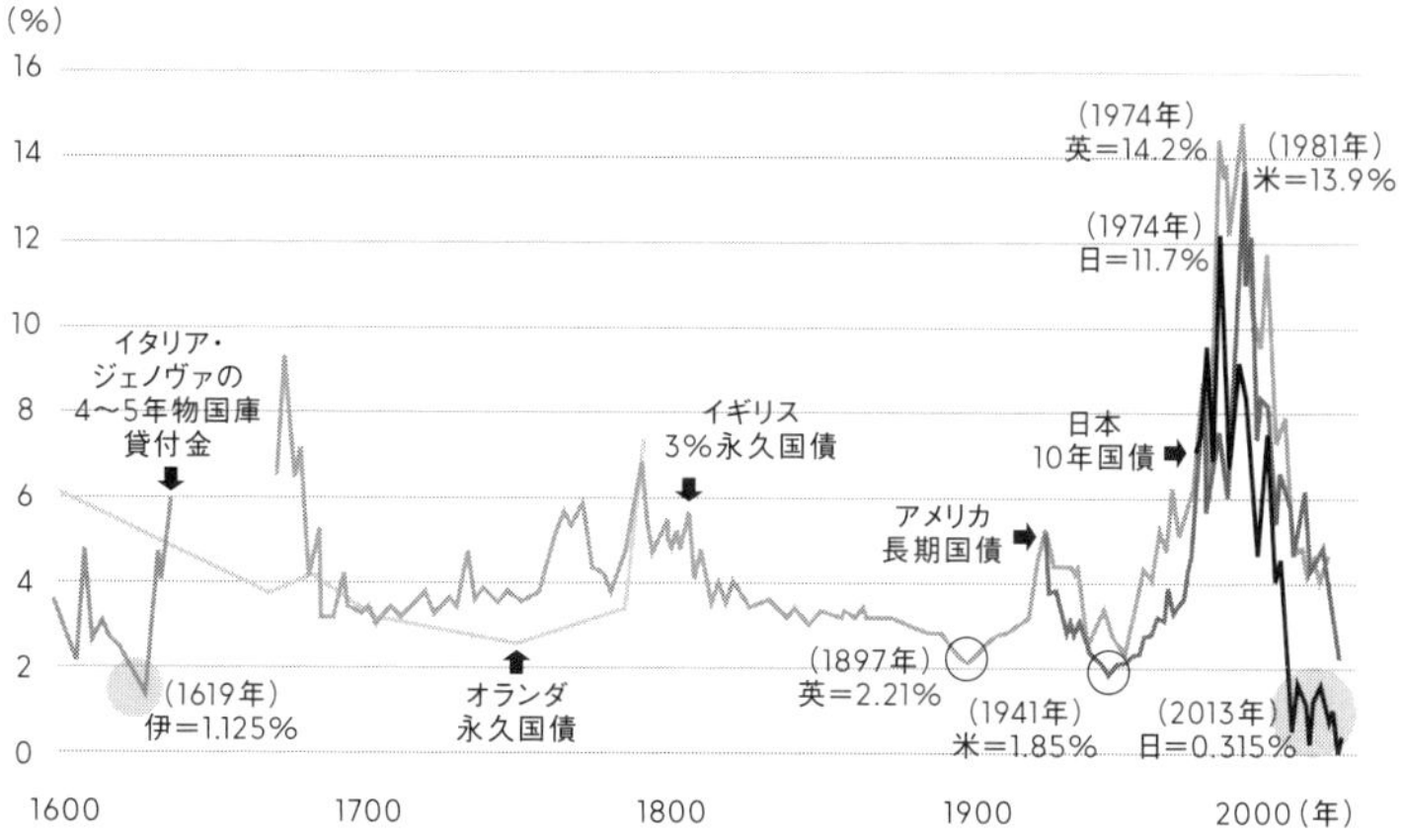

出所:水野和夫、『資本主義の終焉と歴史の危機』(2014年、集英社新書)

図11　日本の国債金利(10年国債)

出典:財務省HP「国債金利情報」をもとに筆者作成

〜4%の間で推移しました。この時期は、新大陸におけるフロンティアが消滅し、列強諸国による太平洋・アジア地域の植民地支配へと移っていった時代にあたります。

それが20世紀に入ると、大恐慌や二度の世界大戦という出来事もあり、主要国たる日米英の国債金利は乱高下します。特に戦後の高度成長期には主要国の国債金利は軒並み急上昇し、戦前の金利が2%程度だったのが、1970年以降、日本11・7%(1974年)、アメリカ13・9%(1981年)、イギリス14・2%(1974年)と極めて高い水準に達しました。[23] この時期は、植民地の独立が進み、空間的なフロンティアが消滅しつつある状況でした。一方で、大量生産・大量消費の時代を迎え、自動車や家電といった新たな耐久消費財が人々に行き渡っていった時期であったことから、生産のフロンティアが広がり、企業が生産増強のための設備投資を積極的に行っていた時代と重なっています。このように、生産のフロンティアが開かれている場合においても、国債金利の上昇が確認されました。

ところが、オイルショックとして知られる1970年代の原油価格高騰を受け、国債金利は急速に低下していきます。2%を下回るどころか、短期金利は実質ゼロ金利になりました。長期金利についても、1997年に日本の国債金利が2%を下回り、以降は基本的に2%以下で推移しています。

いまや日本人にとって国債金利は2％以下が当たり前という状況になっているため、17世紀初頭にジェノヴァで記録された1.125％という数値を見て、「騒ぐほどの低金利か？」と感じた方もいらっしゃるかもしれません。実は、他でもない日本の国債金利が、17世紀初頭にジェノヴァでつけられた史上最低金利の記録を塗り替えたのです。バブル崩壊後の不況が続いていた1998年に日本国債の利率が1％を下回り、最低記録を更新しました。その後も最低金利の記録は更新され続け、ついにマイナス金利も出始めるようになりました。2016年には東京債券市場で新発10年物日本国債の利回りが一時的にマイナス0.035％になりましたし、最近もコロナ禍で世界景気の先行きへの懸念が高まり、マイナス金利をつけるなどしています。また、長期国債に限らなければ、ヨーロッパでも短期の国債などでマイナス金利が定着しつつあります。

資本主義の歴史を俯瞰して見れば、17世紀初頭のイタリア・ジェノヴァにおける低金利（1.125％）は局所的でした。というのも、資本主義の空間のフロンティアが新たに大西洋・新大陸へと広がり、開拓されていったことで、資本主義の中心として台頭したオランダにおいては同時期に金利が5％程度と低くない水準に達していたためです。このように、新たに開拓すべきフロンティアがまだ残されているときには、一時的・局所的に国債金利が値下がりしたとしても、金利はそこで再度持ち直すか、あるいはフロンティアの移行に応じて資本主義の新たな中心となった国・地域において上昇すると言えるでしょう。一方で1990年代以降の低金利を見ると、世界的な事象であり、かつ現在進行形で長期化しています。こうした金利の動きは、ここまでの議論で見てきた伝統的なフロンティアの消滅と重なっています。つまり、アフリカなど一部の地域でまだ新たな開発の余地があるとはいえ、空間・時間・生産＝消費という三つの次元における伝統的なフロンティアがほぼなくなってしまったことを示唆しています。

このように、フロンティアが消滅し、資本が世界中で行き場をなくしているような状況は、資本主義にとってのターニングポイントです。そしてついには、新たなフロンティアとしてのアイデアに資本が集まるようになってきたのです。

注釈

21 板谷敏彦、『金融の世界史―バブルと戦争と株式市場』（2013年、新潮社）
22 フェルナン・ブローデル『地中海』（2004年、藤原書店）
23 水野和夫、『資本主義の終焉と歴史の危機』（2014年、集英社）

第 2 部

The Arrival of Idea Capitalism

アイデア資本主義の到来

1 インボリューション：内へ向かう発展

本書の前半にあたる第1部では、フロンティアという側面から資本主義の歴史を見開いてきました。そこで確認したのは、資本主義は拡大を志向するため、拡大余地としてのフロンティアが開発されるにつれ、どんどん新たな領域へ移行していったこと、そして次第にフロンティアが地球上から消滅していったという大きな歴史の流れでした。そうした流れの果てに、いま、本書のタイトルでもあるアイデア資本主義の時代が訪れているというのが、この第2部における主要なポイントです。

ただし、伝統的なフロンティアの消滅がそのままアイデア資本主義に直結するかというとそうではありません。歴史を振り返ると、フロンティアが拡大できない中での成長が、様々な形で見られます。こうした現象はアイデア資本主義へと至る過渡期的な現象と思われるため、まずはこれらについて検討した後に、アイデア資本主義がどのようにして発生したか、またその特徴を、「インボリューション」という概念をキーにして紐解いていきたいと思います。

インボリューションとは何か

「インボリューション（involution）」とは、人類学者のクリフォード・ギアツ（Clifford Geertz）がインドネシア・ジャワにおける農業発展の特徴を表す際に、「内に向かう発展」という意味で用いた概念です。[24] このインボリューションという概念を拡大することで、伝統的なフロンティア消滅後の資本主義のダイナミクスを理解しやすくなると思われます。

これまで見てきた伝統的フロンティアの拡大に対して、インボリューションは特定の経済活動の範囲内における「フロンティアの内に向かう拡大」と定義されます。例えば空間のフロンティアであれば、土地をどんどん切り開いて農地を拡大することによる収量の増加がこれまで見てきたフロンティアの開拓であるのに対して、すでに切り開かれた土地において、単位面積あたりの生産性向上による収量の増加を目指すというのがインボリューションの典型例です。こうした現象は空間のフロンティアに限らず、時間、生産＝消費の

図12　インボリューションの概念図

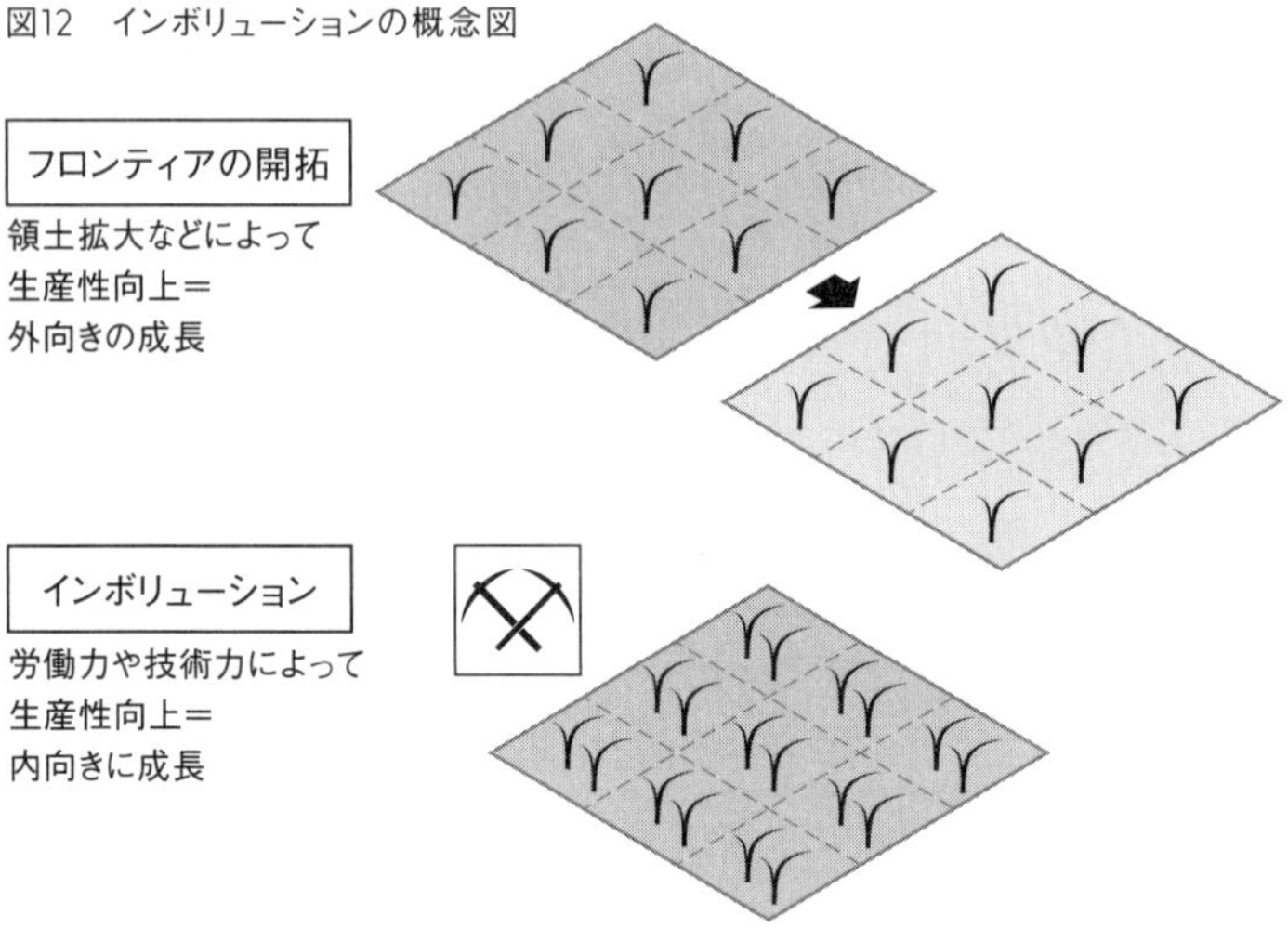

各領域において、フロンティアの内側に向かう拡大として現れています。本章では、各領域でどのような形でインボリューションが生じているのかを確認していきます。

まずはインボリューションがもともとどのような意味合いで用いられていたかを簡単に紹介します。

インドネシアにおける農業は伝統的に焼き畑（Swidden）と灌漑による水田（Sawah）が主流でした。地理的な分布としては、インドネシア全体の人口の4分の3が集中するジャワやバリではSawahでの稲作が行われ、人口密度の低い外島では気候や地形の制約もあってSwiddenが行われていました。

　インドネシアは大航海時代にオランダの統治下に置かれました。１６０２年に設立されたオランダ東インド会社（ＶＯＣ）が、同年ジャワに進出したのです。これ以降インドネシア全域の植民地化が進み、オランダ領東インドとして搾取の対象となっていきました。

　オランダによるプランテーションの様相は、ジャワやバリとそれ以外の外島とで大きく異なっており、外島では従来の農地や住民と関係なく外部から労働者を集めてきてタバコ、ゴム、コーヒーなどが栽培された一方で、ジャワでは主としてサトウキビが栽培されました。このサトウキビ栽培にあたっては、新たにプランテーションが作られたのではなく、もとから営まれてきた既存のSawahを利用して、サトウキビと水稲とをローテーションする形態がとられた点が特徴的です。稲は人口支持力が高く、伝統的にSawahを有してきたジャワには豊富な労働力がありました。そのため人々は、サトウキビの収量拡大のためにSawahを新規に増やしていくのではなく、既存のSawahにより多くの労働力を投入していきます。このようにして、ジャワにおける農業の労働集約的な傾向が強化されていきました。また灌漑の改良も行われ、サトウキビだけでなく水稲の収量も増加し、さらに人口支持力が高まっていきました。

図13　インドネシア

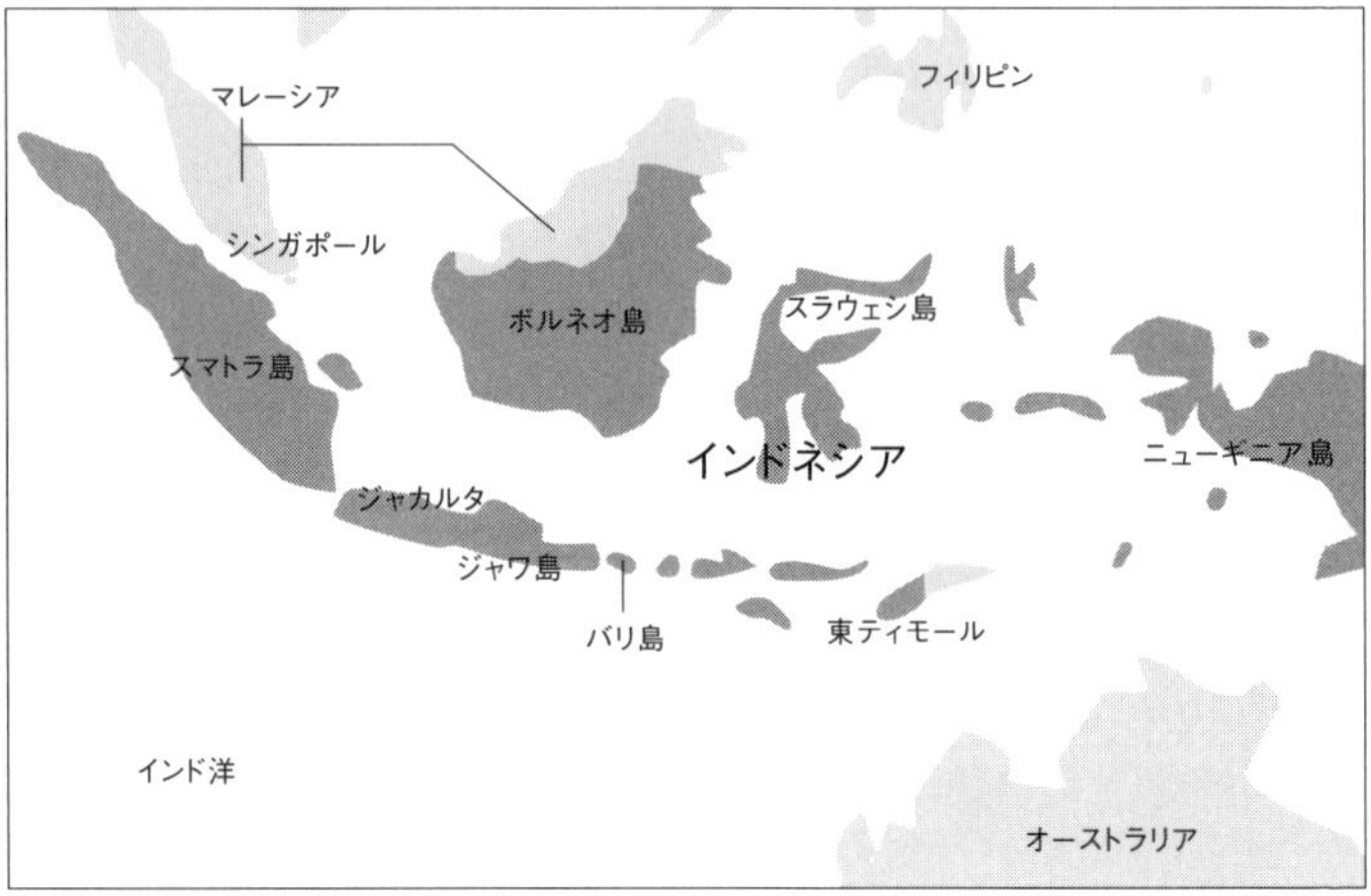

つまり、限られた農地に多くの労働力を投入し、それにより収量が増加することで単位面積あたりの人口支持力が増強され、さらに投入される労働力が増える……という、農地の拡大を伴わない収量増加および人口増加という現象が生じたのです。これをギアツは「内に向かう発展」、すなわちインボリューションと呼びました。

なお、ジャワにおいてインボリューションが起こった背景には以下のような要因もありました。Sawahで栽培されたサトウキビは工場に運ばれ砂糖へと加工されますが、設備投資に資本を必要とするサトウキビの加工工場はジャワの人々ではなく、インドネシアを植民地支配していたオランダ人が所有していました。さらに、工場で精製された砂糖はオランダ人が営む運輸業によって輸送されていきます。こうした構造のために、ジャワで増加した人口は工業・運輸業では吸収されづらく、基本的には農業部門で吸収される他なかったのです。

植民地支配下のジャワで見られたインボリューションとは、農地を拡大するのとは異なるやりかたで、つまり限られた農地に労働力を集中的に投下していくことによって作物の収量を増やすというやりかたで、資本主義に内在する拡大の要請に応えた例です。インボリューションという概念はもともとインドネシアにおける農業発展を表すための用語であったわけですが、農地拡大を前提としない発展と、フロンティア開拓を前提としない現在の資本主義とは重なるところが多いため、より多様な現象に広げて適用することができそうです。それを通じて、これからの資本主義における成長の有り様を見定めていきたいと思います。

空間・時間・生産＝消費におけるインボリューション

私たちは、空間・時間・生産＝消費という三つの領域のフロンティアが、資本主義の拡大とともに移り変わり、そして消滅してきた歴史を追ってきました。では、拡大を志向する資本主義は、フロンティア消滅に直面してどのように変わりゆくのでしょうか。実は、それぞれの領域でジャワにおけるインボリューションと似たような経済活動が以前から生じています。

空間のインボリューション

切り開くべき空間のフロンティアがなくなっても、空間への投資によって成長を実現することはできます。例えば、都市の再開発があります。再開発は、新たなフロンティアを開拓するのではなく、開拓済みの土地に再投資を行うことによって低減しつつある土地の収益性を再び高める行為です。

日本における再開発は、法律上は都市再開発法で定められています。都市に人が集まり

図14　農村と都市におけるインボリューション

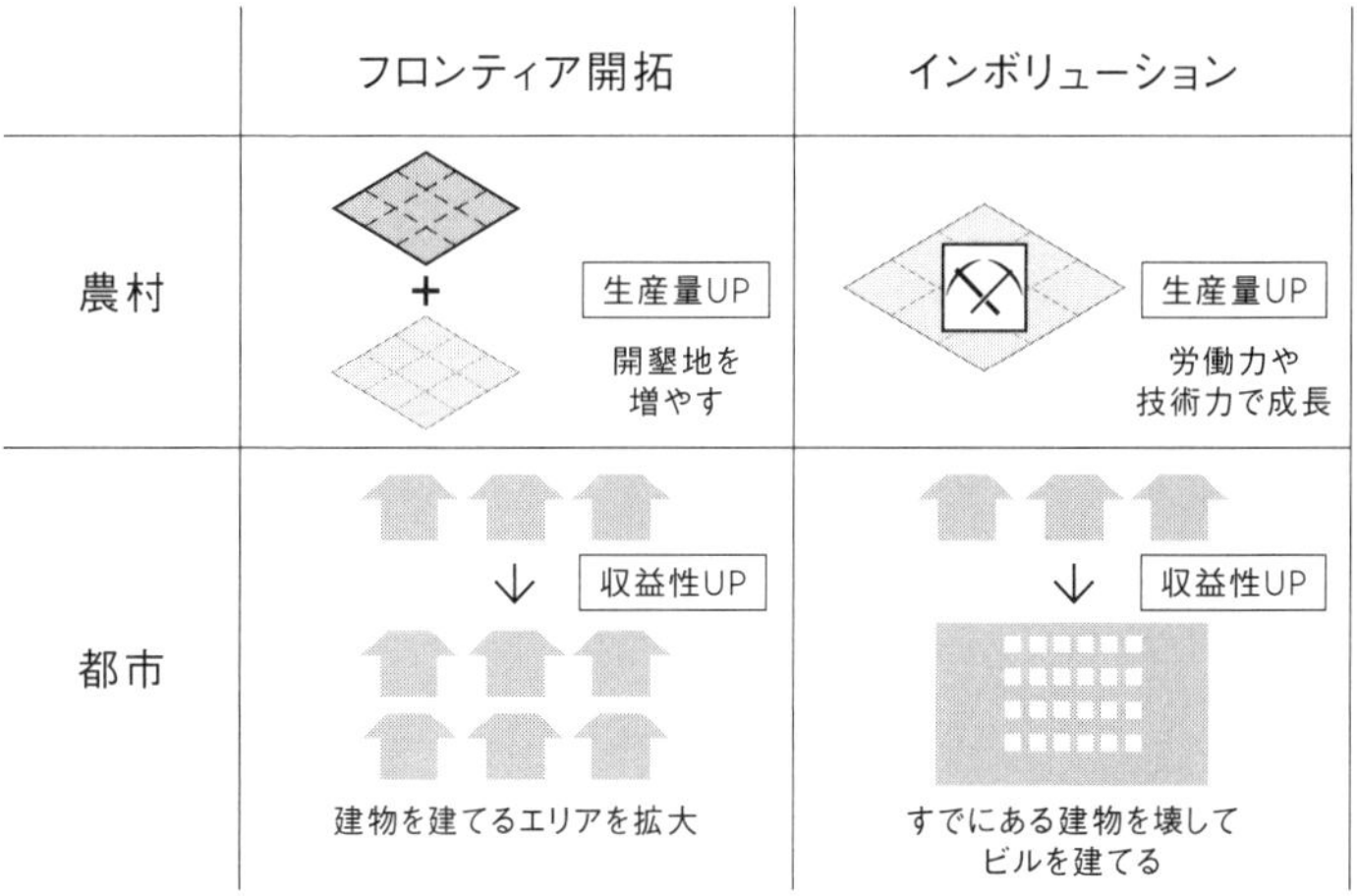

徐々に発展していった結果として、狭い敷地に多くの地権者がひしめいているような都市市街地が数多く生み出されました。しかし、小さな区画が密集している状況では、総合的な都市のデザインやマーケティングがなされず、結果的に集客も困難になり、収益性が低下していきます。そこで、こうした個別の土地を取得し、まとめて大規模な開発を行うことによって、道路や公園といった公共施設を計画的に整備するとともに、利便性の高い都市型住宅や近代的な商業施設が配置された、総合的なまちづくりを目指そうというのが都市再開発です。

　駅前再開発では東京ステーションシティなどからなる東京駅周辺の再開発が話題に

なりましたし、他にも、渋谷駅周辺ではヒカリエの竣工を皮切りに大規模な再開発が進んでいます。もちろん東京に限らず、大阪ステーションシティやグランフロント大阪が整備された大阪駅周辺の再開発などもよく知られています。森ビルは六本木ヒルズ、アークヒルズ、虎ノ門ヒルズなど、東京都港区における大規模な再開発をいくつも主導してきました。

アメリカやヨーロッパ諸国、近年ではアジア諸国においても活発に都市の再開発が行われています。ロンドンの金融街として有名なシティーも、都市の将来像についての報告書を2021年4月に発表しましたが、その中で、革新的で包摂的かつ持続可能な都市としての〝再生〟を目指すとしています。[25] 報告書からは、伝統的な金融街というイメージを一新し、リブランディングを図る狙いが見て取れます。

このように、再開発は都市の劣化に伴う収益性低下を底上げする手法として色々な都市で計画され、実行されてきました。再開発により街が〝再生〟し、活気が戻り、街全体の収益性が上がる構図は、既存のSawahに多くの労働力を投入することによって米の収量を増加させるインボリューションの構図とよく似ています。

再開発自体は新しい取り組みではありません。つまり厳密には、空間のフロンティア消滅を受けてフロンティアの開拓から再開発へと方向転換が図られたということではありません。資本主義においては、直線的な時間の感覚に基づいて、未来が推測され、得られるであろう利益が計算されます。そしてより多くの利益が得られる対象に資本が投下されます。すなわち空間的なフロンティアへの進出と、既存の空間の中での再開発は常に天秤にかけられてきました。

では空間のフロンティアが消滅しつつある中で何が生じているかというと、その天秤がなくなっているということです。これから先、空間から利益を得ようとすれば、基本的には後者の道しか残されていないのです。このように、フロンティアがなくなった状況で生じるのは、既存の領域内での内へ向かう発展です。

これからの資本主義においては、ここで見てきた空間のフロンティアに限らず、内向きの、フロンティアの再開発と呼べるような発展が中心的になっていくと考えられます。

時間のインボリューション

時間のフロンティアは、資本主義が計算に含める時間の射程が伸びるにつれ、現在を起点とする直線的な時間軸の上を、未来へ向かって広がってきました。そして、その未来が

図15　時間におけるフロンティア開拓とインボリューション

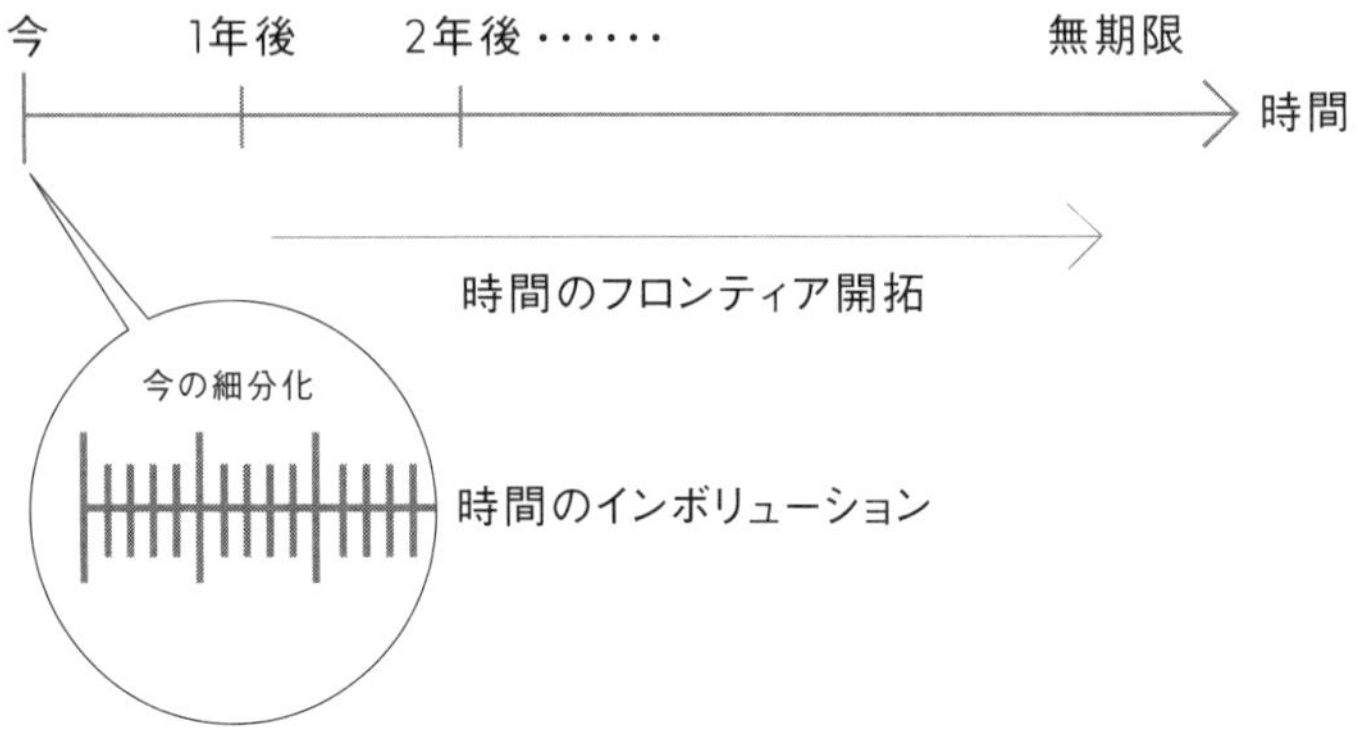

いまや無期限になっており、時間のフロンティアをこれ以上広げるのは難しいということを私たちは確認しました。

その時間の領域においても、インボリューションが見られます。時間におけるインボリューションとは、時間を未来へと伸ばすのではなく、時間を細かく切り刻むことによって利益を得ようとする経済行為です。

ここで取り上げるのは、金融における高速取引です。高速取引とは、1秒にも満たないような極めて短い時間のうちに株式の取引を行うことで、高頻度取引や超高速取引などと呼ばれることもあります。例えば、世界中の証券取引所の間での株式の価格差をコンピュータで見つけ出して、アービトラージ（裁定取引）を行うことで利益を得ます。

時間のインボリューションも、空間のインボリューション同様、フロンティアの消滅だけが契機になっているわけではありません。一つには、こうした高速取引を可能にする技術の開発が背景にありました。1971年にインテルが初の汎用マイクロプロセッサであるIntel 4004を開発して以降、マイクロプロセッサの性能は著しく向上し、いまではあらゆるコンピュータやスマートフォン、家電に搭載されるなど、情報機器にとって不可欠の要素となっています。ムーアの法則[26]をご存じの読者も多いことでしょう。こうした技術革新により、情報通信コストが極小化し、国際的な金融取引が低コストで行えるようになりました。

また、1971年8月15日のニクソン・ショックによって、第二次世界大戦後の為替相場安定のために作られていたブレトン・ウッズ体制が崩壊したことも影響しています。ブレトン・ウッズ体制とは、米ドルと金との交換比率および米ドルと各国通貨の交換比率を固定することによる固定相場制度で、この制度ができる前には国際的な決済は金によって行われていました。そのブレトン・ウッズ体制崩壊を受けてスミソニアン体制と呼ばれる固定相場制度が作られましたが、長くは続かず1年半ほどで終わりを迎えました。これにより各国通貨のアンカーは消え、現在まで続く変動相場制であるキングストン体制へ移行しました。加えて、先進国は現在では資本取引を原則自由化しているため、先進国間での資本取引も活発に行われていますし、先進国以外でも部分的な規制緩和が進められています。こうした様々な事象が重なり合った結果、モノを動かさなくても、カネの取引だけで利益を得られる状態が整っていき、今日見られるような金融テクノロジーの発達につながっています。

時間の領域においても、時間のフロンティアを拡大する形、すなわち現在から未来へと至る時間軸を伸ばし続ける形での成長ではなく、時間を細分化し、取引の機会を増やすことによる利益追求が生じていることを確認しました。

生産＝消費のインボリューション

生産＝消費の領域においても、空間のフロンティア消滅やモノ余りなどの複合的要因によって生産量・生産性のフロンティアがなくなりつつあることを確認しました。本項では、そうした中で生産＝消費の領域において見られるインボリューションについて確認していきたいと思います。

まず、インドネシアにおける労働集約的な農業発展に似た形で、日本においても農業の生産性が向上した例があります。それが江戸時代の農村部における労働集約型の生産性向上、いわゆる「勤勉革命」です。平野部の開墾が進み農地の拡大が難しい中で、単位面積あたりの生産性を向上させることによる生産拡大が進みました。ジャワにおけるインボリューション同様、家畜や農業機械の導入といった資本投下によらない形での生産性向上が見られた江戸時代の勤勉革命は、資本節約・労働集約型の生産革命と言われています。

こうした素朴な形に限らず、先端的な工業生産の現場においてもインボリューション的な取り組みがなされています。例えば、Kaizen（カイゼン）がそれにあたります。日本が「ジャパン・アズ・ナンバーワン」と称された1970年代から1980年代にかけて、日本の製造業のどこに強みの源泉があるのかが注目され、研究が行われました。その中で、工場作業者たちが自分たちの経験に基づく知恵を活かして、生産性や品質の改善に役立てていることが明らかにされたのです。こうした生産現場における改善活動はKaizenまたはカイゼンと呼ばれ、漢字の改善とは区別して用いられます。

生産性のフロンティアを新しく切り開くような、すなわち生産性を大きく向上させるような新しい生産方法の導入は、シュンペーターの言うイノベーションに該当します。一方でKaizenは、抜本的な技術革新を伴わない形で、生産性や品質を徐々に高めていく活動です。生産のフロンティア消滅の中でも成長を志向する取り組みの一つとして、Kaizenとそれを通じた売上拡大があると言えます。

空間のフロンティアが消滅し、市場の大きな拡大が見込めないこれからは、生産量のフロンティアは消滅し、生産性向上が競争の主戦場になっていきます。抜本的な生産性向上を目指すイノベーションの他に、Kaizenのような地道な活動が資本主義の現場から自然に生まれてきたことにこそ、資本主義の根深さ、すなわち資本主義の精神がいかに人々に深く根付いているかが表れているように思います。

本項では、ジャワにおけるインボリューションに加え、勤勉革命、Kaizenという生産の領域におけるインボリューションについて確認してきました。これらに共通しているのは、資本投下が抑制的である点です。しかし、ポイントは、これが成長を目指さないこととは全く正反対の活動であるという点です。むしろこうした活動は、投下資本を抑えながら生産性を底上げすることでＲＯＩ（投資収益率）を上げる、極めて資本主義的な活動であるとも捉えられます。

資本主義におけるインボリューションの位置づけ

このように、インボリューション（内へ向かう発展）は色々な領域で見られます。資本主義を俯瞰して見るとき、インボリューションはどういった意味をもつのでしょうか。

第一に、フロンティアへの進出が外の領域へ広がっていく活動であるのとは対照的に、インボリューションは内側の領域へと回帰する現象です。**従来型の経済活動同様、インボリューションも資本主義の拡大志向が具体化した現象ではあるものの、ベクトルが逆を向いていることが特徴的**です。

空間においては、外への拡大ではなく内側への再投資。時間においては、未来への拡大ではなく〝いま〟の細分化。生産＝消費においては、資本投下による技術革新ではなくボトムアップの品質向上。このように、資本主義における拡大のベクトルを逆転させるところにインボリューションの本質があります。

第二に、必ずしもフロンティア消滅を条件としてインボリューションが生じるとは限らないということです。資本主義の本質は将来のより多い富のために現在の消費を抑制し投資しようとする心的傾向であり、個別のアクターにとって重要なのはベクトルよりも得られる利益の大きさです。自由市場において、様々な投資の機会は基本的に開かれているのであって、インボリューションもそうした選択肢の一つとして、少なくとも可能性の上では存在してきました。

第三に、それでもインボリューションと資本主義のフロンティアの広がりは関係しています。江戸時代の日本における勤勉革命の背景には、農地開拓の余地がなかったことが明確にありました。逆に、農業革命の時代のイギリスのように、開拓すべき農地が豊富に存在する場合、すなわちフロンティアが広大に広がっている場合には、インボリューションの重要性は相対的に薄れます。現在インボリューションと呼び得る経済活動が様々に、また盛んに行われているのも、伝統的なフロンティアの消滅によって資本がフロンティアという行き先をなくした結果という側面があります。フロンティアがなくなったとしても、既存の領域の中で成長が模索され、インボリューションが起きてきたところに資本主義の力強さが如実に表れています。

現在のように残されたフロンティアが限られている状況では、投資の選択肢が減り消去法的にインボリューションの重要性が増すため、そうした意味でインボリューションは新

図16　各領域におけるフロンティア開拓とインボリューション

	フロンティアの開拓	インボリューション
空間	・次々と新しいフロンティアへと進出、開拓していく ・空間的な拡大を続けることで、市場や生産を拡大する	・土地の再開発などにより、既に開発された土地の収益性を再び高める
時間	・個人や家の射程とする時間が、1日→1年→一生→家（子孫まで）というように長期化していく ・会社も、数年で解散していたものが、期限なしへと長期化することで、より長い未来を織り込もうとする	・高速取引は、「いま」を細分化することによって取引の回数（＝儲ける機会）を増やす
生産＝消費	・市場の拡大に合わせて生産＝消費量が拡大する ・イノベーションによりコストを削減、利幅を拡大する	・イノベーションではなく、労働集約によって生産性を向上させる（勤勉革命など） ・資本投下に頼らず、ボトムアップで品質向上を目指す

しいフロンティアが見つかるまでの過渡期に多く見られる現象かもしれません。フロンティアに関する議論の中で、宇宙開発の状況や再生可能エネルギーなどの新しいエネルギーの安定化・低価格化の余地についても触れてきました。こうした新しいフロンティアがこれから先に出現する可能性はあるわけです。

一方で、このような伝統的なフロンティアの延長線上ではないところに、新しいフロンティアが立ち現れつつあります。それが、アイデアの領域です。いま、アイデアは非常に有力な資本の行き先になっていきます。詳しくは次章で述べますが、アイデア資本主義も、資本とアイデアの関係が従来と逆転した現象というう点でインボリューション的な色合いを帯びています。アイデア資本主義もまた、資本主義の伝統的なフロンティアがなくなっていく中で、資本主義の拡大志向の結果として生み出され、そして強化されてきました。

注釈

24 Geertz, Clifford, 1963, Agricultural Involution: The Process of Ecological Change in Indonesia

25 "The Square Mile : Future City" (2021)

26 Moore's Lawとは、半導体の集積率が18ヶ月で2倍になるとする経験則。Intelの創業者であり現名誉会長でもあるGordon E. Mooreが提唱した。

2 アイデアの時代へ

これまでの資本主義からアイデア資本主義の時代になったことで、重要なゲームチェンジが起きています。その最大の変化は、資本とアイデアの主従関係に見られます。従来の資本主義時代においては、資本が「主」で、アイデアなどの資本以外の要素は「従」でした。つまり、従来型の資本主義というのは、「資本中心の資本主義」であったのです。例えば、典型的なところでいうと、日本の産業界においては長らくいわゆるメインバンク制が取られ、ある企業に対して最も貸出残高が多い銀行がその企業にとってのメインバンクとなって、融資のコントロールを通じて企業経営に影響力を発揮してきました。資本を握る金融機関が「主」で、事業会社が「従」という構造です。ところが、いまやメインバンク制はほぼ崩壊しており、銀行が融資で稼ぐ時代は終わりを迎えつつあります。各行が手数料ビジネスへの転換を図ろうとしていることをご存じの方も多いでしょう。

図17　資本とアイデアの関係

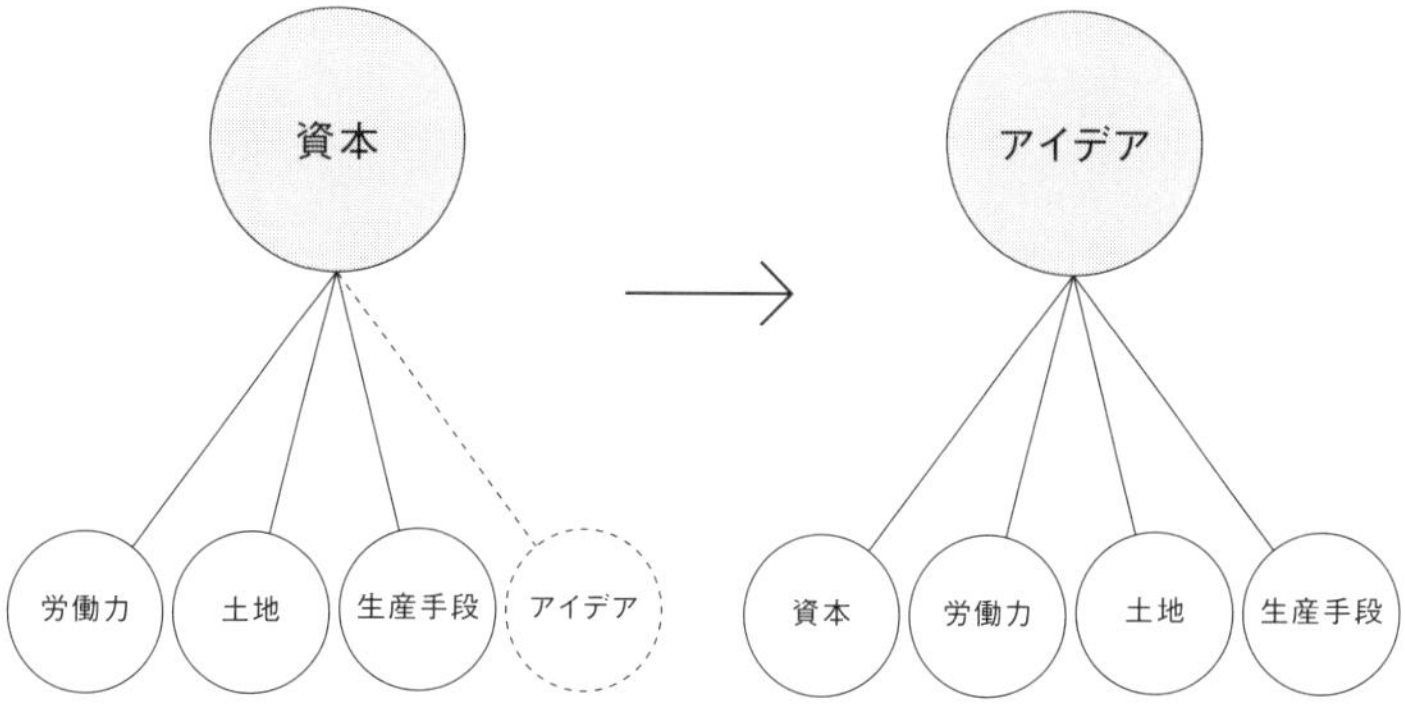

対して、アイデア資本主義を迎えた現代においては、優れたアイデアを元に始められたスタートアップに対して「投資をしたい」というエンジェル投資家（創業間もないスタートアップに対して資金提供する個人投資家）やベンチャー・キャピタル（VC）が多く存在しているような状況です。つまり、アイデアが「主」であり、資本が「従」なのです。これまでの資本主義が資本中心であったのは、フロンティアの開拓余地があり、その開拓のための鍵となる要因が資本であったからです。これは金利が歴史的に現在よりはるかに高かったこと、すなわち資本の値段が現在よりも高かったことが証明しています。資本中心の資本主義の終

焉は、伝統的なフロンティアの消滅・資本のコモディティ化・インターネットの普及、そして、これは後に詳しく説明しますが、人々の嗜好の多様化や科学技術の専門分化などによって社会が複雑化し、わかりにくくなっていることなどがもたらしたものです。そして、資本中心の資本主義の終焉の結果、さらにインボリューションが行き着くところまで行き着いた結果として誕生したのがアイデア中心の資本主義、すなわち「アイデア資本主義」です。この後の章では、アイデア資本主義について詳しく見ていこうと思います。

アイデア資本主義とは

一昔前であれば、事業を始める前に資金を集めるのは非常に困難でした。銀行から融資を受けようとしても、基本的にアイデアに対して融資が下りることはありません。何年か実際に事業を営んで売上や利益の実績を作ってから、かつ自分の資産や信用を背景に個人保証をしたり、会社の資産を担保にしたりして、やっと融資が下りるというのが一般的な形でした。もちろんこうした状況でも事業に先立つものとしてアイデアは存在しました。しかし先に例示したように、アイデア自体がお金になることはありませんでした。もとも

とアイデアは単独で存在しているというより、生産手段の前駆体として存在していたのです。

しかしいまや、アイデア自体を売り込んで出資を受けることができる時代になっています。もともとアイデア自体がお金になることがなかったのは、資本の希少価値が相対的に高く、資本の側が収益性の高い生産手段を選ぶ側だったからです。その状況においては、資金を欲する人はなんとかして生産手段を具体化して、その収益性の高さを示してみせる必要があります。一方で、現在は国債金利の低下に見たようなカネ余りが常態化していま す。これは、資本が行き場をなくし、コモディティ化しているということです。資本の希少価値が低いのです。そのため、資本同士が競合しながら稼げる投資対象へと向かっていっており、その競争は生産手段についての青写真、すなわちアイデアの段階で他の資本を出し抜かなければ勝てないほどに激化しています。

アイデア資本主義とは、アイデアが生産手段の前駆体としての位置づけを脱して、アイデアそのものが独立した投資対象になっている状況を指します。アイデア資本主義は、伝統的なフロンティアが消滅したことによって、モノがあり余り、カネがコモディティ化する中で、それでも利潤を得ようとする資本の運動の果てに生じた現象です。アイデア資本主義においては、アイデアを生み出す人のアタマの中が、資本主義にとってのフロンティアであると言えます。

「良い学校を出て、良い会社に就職して、退職まで勤め上げる」というような生き方はもう古いと感じている人は多いと思います。人材の流動性も上がっていますし、満遍なく綺麗な成績表よりも人とは違う個性や得意技が評価されることも増えてきました。毎日真面目に仕事をしていても、高度成長期のように自動的に昇給していくとも限りません。実直にやっているだけでは必ずしも報われないのです。自分のキャリアや生き方を見つめ抜いて、自分で自分の人生についての戦略を立て、アイデアを実行していくことが求められていると感じます。そして、それができる時代の良さも感じられます。お金がなくても良いアイデアさえあれば、出資を受けて事業を興すことができます。あるいは自分の企画力にかけてYouTuberとして成功できるかもしれません。お金も学歴もなくても、アイデアを生み出すことはだれにでもできます。

このようにアイデアの重要性が増している時代が、アイデア資本主義の時代なのです。

アイデア資本主義が強化されたのは、伝統的なフロンティアが消滅した21世紀初頭からでした。アイデア自体に資金を募るという意味で、クラウドファンディングはアイデア資本主義時代の典型的な資金調達方法と考えられますが、アメリカを中心に様々なクラウドファンディングサービスが乱立したのも2000年代の後半です。次の項目では、アイデア資本主義がどのようにして生じたのかに焦点を当ててみたいと思います。

アイデア資本主義へと至る条件

すでに見てきたように、資本主義が拡大した末に、その伝統的なフロンティアが消滅しつつあります。それによって、外へ外へと向かう成長が行き止まりを迎え、ベクトルの反転した内へと向かう発展——インボリューション——が強度を増してきました。そのような中で、現在、本書でアイデア資本主義と呼ぶような現象が生じています。ここでは、アイデア資本主義が出現した直接的なきっかけについて検討してみたいと思います。

伝統的なフロンティアの消滅

フロンティアとは資本主義が拡大していくための白地ですから、それが広がっているときには多くの資本がフロンティア開拓へと向かいます。しかし、21世紀に入って最後の空間的なフロンティアであったアフリカの開発が過熱している状況などを踏まえると、空間・時間・生産＝消費という三つの領域における伝統的なフロンティアはほぼ消滅したと言っていい状況です。

これまでどおりのやりかたでは成長できないということですから、成長を志向する資本主義にとっては危機的です。しかし、そうした状況においてもなんとかして成長しようとするのが資本主義に備わった性質のようです。

フロンティアが狭まっていくにつれて、従来とは異なる方向性での成長が模索されてきました。フロンティアなき成長を特徴づけるのは、インボリューションと呼ばれる内へ内へと向かう成長です。古くは植民地支配下のジャワにおいて、農地を広げることなく、既存の農地に労働力を追加投入していくことで米やサトウキビの収量を増やしていった事例などを確認しました。

アイデア資本主義も、伝統的なフロンティア消滅の果てに、そうした活動の一つとして現れました。アイデアはアタマさえあれば生み出せますし、アイデア自体は大昔からありました。しかし、アイデアというのはまだ実現していないからアイデアと呼ばれるわけで、アイデアへの投資は実現するかどうかわからないというリスクを孕んでいます。こうしたアイデアの特性から、開拓され得るフロンティアが広がっているときにはあえてリスクを取ってまでアイデア自体に投資がなされることは主流ではありませんでした。フロンティアの消滅を契機として、アイデアがリスク含みの投資対象として脚光を浴びるようになったと考えられます。

資本のコモディティ化

空間のフロンティアが消滅しつつあることや、人々にモノが行き渡ったことなどから、モノ余りが生じています。どんどん生産を拡大していくことができないので、設備投資も控えられ、カネ余りにもつながっています。なおカネ余りにはもちろん金融緩和も影響していますが、論点がそれるため詳しく取り上げることはしません。

こうしたモノ余り・カネ余りによって、資本がだぶついている状況です。その結果、金融の世界では浮遊した資本によるマネーゲームが加熱し、度重なる金融危機を招きました。先に確認したように、主要国における国債金利の歴史的な低水準も続いています。日本でコーポレート・ベンチャー・キャピタル（CVC）が増えたのも、資金はあれどその活用方法がわからないという大企業が多いことを示唆しています。

このようにカネの価値が低下していることを、資本のコモディティ化と本書では呼んできました。元手になるお金さえあれば増やす方法はいくらでもあるというような時代ではもはやなく、資本自体には付加価値がなくなっているとも言えます。

カネの価値が下がり、利益を生む投資先が見つからない状態に陥っていること、すなわち資本のコモディティ化が、アイデア資本主義へと至る二つ目の条件です。大量の資本が投資先を探しており、その中でまだ実現していないアイデアにまで資本が集まるようになったのです。

わかりにくい世界

アイデアが重視されるようになった別の背景として、色々なことが「わかりにくくなっている」ということがあると私は思っています。

例えば先端的な科学技術の「わかりにくさ」について考えてみましょう。学問の専門分化が進んだ結果、最先端の科学技術について網羅的に理解している人はいないと言っていいでしょう。それどころか、同じ学部・学科でも研究室が違えばもっている知識や読んでいるジャーナルが全く異なるということもあり得ます。そうした最先端の科学技術をベースになんらかのビジネスを思い付いたとしても、理解できる人が多くないのは想像に難くありません。

消費者についても「わかりにくく」なってきています。モノがあふれ、コモディティ化したことの帰結として、機能やスペックに価値が見出されなくなってきました。技術力があったとしてもヒット商品を生み出せるとは限りません。機能やスペックよりも、そのモノを使ったときに人がどんな気持ちになるかのほうが重視されているのです。軽さ・速さといった機能価値から、楽しい・嬉しいといった情緒価値への転換とも言えます。前者は指標化しやすいのですが、後者を指標化するのは難しく、新規に商品やサービスを開発するにあたってどうすれば消費者にウケるのかが非常に捉えづらい時代です。

このように、だれが見ても明らかに儲かる投資先というのが減って、「わかりにくい」ことが増えてきました。その結果として、資金を欲する人にとってはわかりやすい・魅力的なアイデアで投資家に訴求することが、投資先を欲する人にとっては良いアイデアを見抜けるようになることが重要な時代になっています。

補助線としてのインターネット

１９９０年代以降インターネットが発達していたことは、アイデア資本主義が訪れるための条件とまでは言えないものの、それを加速させるのに重要な役割を果たしました。高速取引が誕生した背景として簡単に触れましたが、１９７１年に汎用マイクロプロセッサが開発されて以降、その性能は著しく向上していき、コンピュータの高性能化が進みました。また、１９８０年代の終わりには商用インターネットが開発され、１９９０年代を通じてインターネットが急速に世界中へ普及していきます。通信速度に関しても、インターネットが普及する過程でＡＤＳＬから光回線への移行を経て、高速通信へと切り替わりました。

そしていまや、インターネットは私たちの暮らしに欠かすことのできないインフラとして機能しています。インターネットを活用することで、従来では考えられないほどの低コストでビジネスを始めることもできます。それだけでなく、FacebookやTwitter、Instagramが広まっていったときのことを思い起こせばわかるように、マーケティングをうまくやれば短期間で大ヒットサービスを生むことも不可能ではないのです。また、クラ

図18　アイデア資本主義の到来

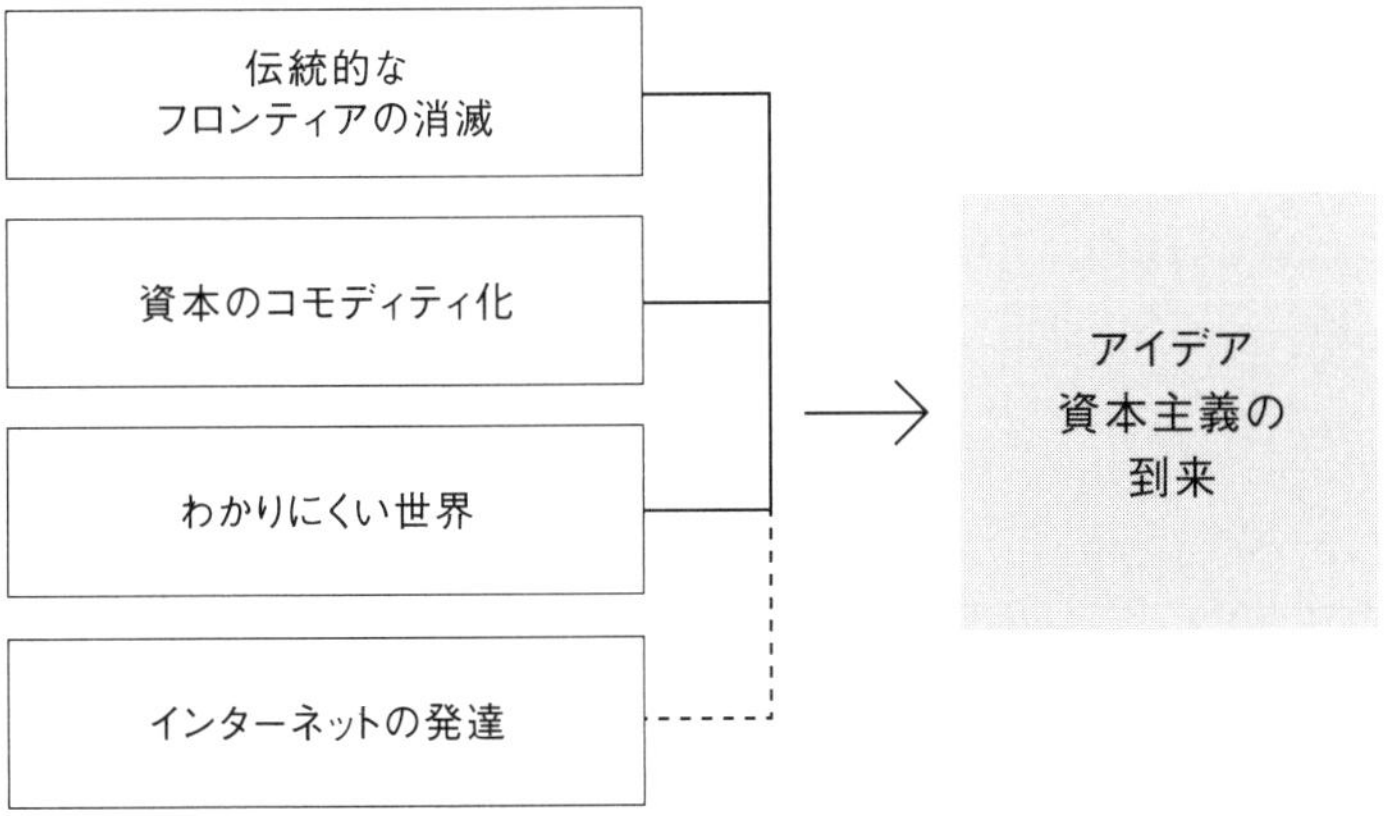

ウドファンディングのような形でアイデアに共感する人を世界中から募り、起業に必要な資金を集めたりすることが可能になりました。アメリカのドットコム・バブル（ITバブル）の時期には、アイデアをプレゼンするだけで資金を得られたため、数多くのIT企業が生み出され、投資を受けました。ドットコム・バブルの崩壊後、多くのIT企業は統廃合されましたが、いまも続いている巨大企業も少なくありません。

このようにインターネットが発達していく中で、アイデアさえ素晴らしければ大きな利益を生む事業を創出できるという実例が多く創り出されたことも、アイデアの地位の上昇につながったと考えられます。

3 アイデア資本主義で起こること

本章では、アイデア資本主義でどのようなことが進んでいくのかについて、具体例を通じて考えてみたいと思います。

アイデアが投資の対象になる

繰り返しになりますが、アイデア資本主義においてはアイデア自体が投資の対象になっていきます。

数年前から日本でも盛んになってきたクラウドファンディングは、まさにアイデアに資金が集まる仕組みです。自身では資金力に乏しい人であっても、自分のアイデアを公表して資金を募ることができるのがクラウドファンディングです。銀行などから融資を受けようとすれば基本的に担保や保証といった資本に転換できる何かが必要になりますが、クラウドファンディングの場合はアイデアへの純粋な共感によって資金が集まるため、必要なのはアイデアだけ。そのアイデアで集めた資金を元にして、アイデアの実現に向けた活動が始まるという点で、クラウドファンディングにおいてはアイデアが資本とは独立して、また先行して存在し、資本を呼び寄せていることがわかります。

クラウドファンディングの仕組み自体は古くから存在しており、出版・映画・音楽などの産業では先に資金を集めて、その後制作に取り掛かるというスキームが時折見られました。しかし、明らかにその様相が強まったのは、アメリカにおいては２０１０年頃からです。ここでも、補助線としてのインターネットが重要な役割を果たしました。クラウドファンディングを運営する初めてのインターネットサービスは、２００１年にアメリカで作られたArtistShareというサービスで、現在も様々なプロジェクトが公開されています。以降、Kiva、Indiegogo、Kickstarterなど、クラウドファンディングのプラットフォームが数多く作られてきました。

実際にクラウドファンディングを活用して資金を獲得し、プロジェクトを成功裏に進めた例として、Pebbleというスマートウォッチを紹介したいと思います。Pebbleを開発するにあたり、Pebble Technology社はベンチャー・キャピタル（VC）などの伝統的な投資家から資金を得ることに苦戦していました。そこで彼らは2012年4月、10万ドルを目標額としてアメリカのクラウドファンディングサイトであるKickstarterで資金を募ります。このプロジェクトでは募集開始直後から多くの資金が集まり、結果的に目標額の100倍を超える1000万ドル以上を集めることに成功しました。Pebble Technology社は集めた資金を元にPebbleを開発し、翌2013年以降、クラウドファンディングの資金提供者に完成した製品が届けられました。

このケースでは、資金提供者による資金は、寄付やPebble Technology社の株式の取得費用という位置づけではなく、製品が完成したときに寄附金額を上回る定価の製品を手にすることができるという、割引先行予約的な位置づけであることがわかります。すなわち、Pebble Technology社は1000万ドルで自社の株式を売る代わりに、自社製品の割引券を配布していたと見ることができます。VCから投資を受ける場合には会社の持ち分を一定程度差し出す必要がありますが、資金の出し手が一般の消費者になることによって、消費者から受け取った資金を元に製品開発を進め、その対価として自社製品を割引価格で提供することが可能になったというわけです。このように、アイデア資本主義の時代においては、アイデア自体が投資の対象になるとともに、アイデア次第で財務戦略上取り得るオプションを広げることも可能であることがわかります。

日本では、2013年に金融庁の金融審議会「新規・成長企業へのリスクマネーの供給のあり方等に関するワーキング・グループ」が公表した報告書[27]において、事業化段階でのリスクマネー供給の柱の一つに投資型クラウドファンディングが据えられました。こうしたことを受け、クラウドファンディング活性化に向けた法整備が進められ、翌2014年には金融商品取引法などにおいて規制緩和を行う内容の改正案が可決されました。

具体的なサービスを見てみると、CAMPFIREやREADYFORが立ち上げられた2011年が最初期であり、その後徐々に他のプラットフォームも出現してきた恰好なので、だいたいアメリカから5〜10年ほど遅れる形でクラウドファンディングが浸透してきていることがわかります。

日本での成功例としては、『この世界の片隅に』というアニメ映画が有名です。これは2015年に国内のクラウドファンディングサイトで支援が募られたもので、シナリオ・絵コンテまで完成した後の映画制作費用を、目標金額2000万円として募集したものです。[28] 結果的に、目標金額の約2倍にあたる約3900万円を集めたとされています。また、絵本『えんとつ町のプペル』も、クラウドファンディングで制作費用を賄ったことで話題になりました。

ここまでは、「アイデア資本主義においてはアイデアを保有している人が資金を集められるようになる」という例について確認してきました。次に、資金を出す側に着目して、アイデアに対して投資をする主体であるベンチャー・キャピタル（VC）についても目を向けてみます。

インターネットの発達により、工場や店舗といった設備を必要としない事業を興しやすくなりました。創業のハードルが下がることでスタートアップの数も増加しますし、アイデア自体に投資がなされるようになるので、スタートアップが資金を得やすくもなります。

こうしたスタートアップへの投資において重要な役割を果たすのがVCです。VCといえば、投資先の未上場企業が上場を果たすことなどにより巨額のリターンを得るケースもめずらしくないことから、リスクマネーの代表的な供給源というイメージがあると思いますが、伝統的にはリスクテイキングにはいまよりも慎重でした（とはいえ、20％のディールで利益の80％を生み出すような業界ですから、銀行などとは比べ物にならないリスクマネジメントではあります）。ＶＣがアメリカで初めて作られたのは、第二次世界大戦終戦直後の１９４６年のことです。こうした伝統的なＶＣでは、アーリーステージやレイターステージのスタートアップに投資し、ＩＰＯ（Initial Public Offering／新規株式公開のこと）でのエグジットを狙うというビジネスモデルが基本でした。アーリーステージより前にあたるシード期については、まだ多額の資金を必要としないケースが多いこともあって、ＶＣよりは起業家自身の資金やエンジェル投資家による資金が投入されることが多かったのです。

ところが、アイデア資本主義時代の訪れとともに、まだ利益どころか売上も事業計画もないような段階の、シード期のアイデアに対して積極的に投資を行うＶＣが増加しました。投資をするステージが早ければ早いほど、エグジットまでの道のりは遠く、リスクは大きくなります。しかし、確実に利益を上げられる段階になればだれもが投資をしたがり、資本のコモディティ化が生じますから、得られる利益も小さくなります。そこで、アイデア資本主義においてＶＣは、まだビジネス化していない、アイデアの段階で投資しておくことで、投資先がエグジットしたときに大きなリターンを得ようとしているのです。なお、最近ではシード期どころか、より前のプレシード期に流入するマネーも増えてきたとされています。

例えばフリマアプリのメルカリは２０１６年に初めて黒字化しましたが、まだまだ赤字が続いていた時期から多くの資金獲得に成功していました。２０１３年の設立から間もなく、シード期での投資を多く手掛けるEast Venturesの松山太河氏から投資を受けていますし、設立後半年ほどでユナイテッド社から3億円を調達しています。余談ですが、ユナイテッドはもともとネットエイジという会社でした。ネットエイジは、渋谷にＩＴベンチャーを集結させるビットバレー構想を進めたことでも知られています。

このように、投資を行う側にとっては、すでに出来上がったビジネスではなく、ビジネスのアイデアを投資対象として吟味し、より早い段階でリスクを取って資金投入していかなければならないのが、アイデア資本主義の特徴です。

アイデアを見極める眼が必要になる

アイデア資本主義においては、アイデアの良し悪しを見極める眼が求められます。利益がほぼ確定しているような領域はすでに投資し尽くされており、大きな利益を得ようとすればリスクを取って実現までまだ距離のあるアイデアの可能性を評価し、投資をしていかないといけないからです。

先に挙げたVCによるシード投資では、まだ売上がなかったり、赤字であったりするスタートアップに対して、彼らのアイデアの将来性を評価し、バリュエーションを行う必要があります。こうしたシードの段階で事業性を評価するには高い専門性と幅広い知識が必要なため、歴戦のキャピタリストたちが投資判断を行っています。

アイデアへの投資においてその見極めを誤ると、期待ほどの投資対効果を得られないどころか、場合によっては大きな損失を被ることにもなり得ます。この点では、アメリカのヘルステック・スタートアップであるセラノス（Theranos）が引き起こした悲劇が有名です。セラノスは、スタンフォード大学で化学工学を専攻していたエリザベス・ホームズが、大学を中退して2003年に設立しました。わずかな血液から200種類以上の血液検査を安価に行うことができる機器を開発したとして、2014年に約3億5000万ドル（約380億円）もの資金調達に成功し、セラノスは超有名企業へと躍進しました。しかしながら、実際には触れ込みのような素晴らしい技術は存在せず、それが明らかになるとセラノスの評価額は暴落し、創業者であるホームズは詐欺罪で起訴されるに至りました。

繰り返しになりますが、科学技術の専門分化が進んだことで、専門外の人間にとっては先端的な研究の内容が理解しにくくなっています。アイデア資本主義においては、特にテック系のスタートアップに投資する場合、彼らが掲げるアイデアの信憑性や収益性を見極める眼が必要になります。

なお、スタートアップが拠り所とする科学技術およびその可能性の確からしさが評価しづらいことの帰結として、科学技術の内容そのものよりも創業者のトラックレコードや性格が重視されるケースもあります。セラノスの例でも、ホームズがいつも黒いタートルネックの服を身につけることでAppleのスティーブ・ジョブズを彷彿させ、カリスマ経営者のような印象を投資家に与えていたことは否めません。

さらに、先に取り上げたクラウドファンディングにおいても、集めた資金を持ち逃げするような悪質な事例があります。例えば、Pebble Technology社も利用していたKickstarterというプラットフォームで２０１２年に資金集めを行ったAltius Management社は、集めた資金で限定品のトランプを制作した上で、後日完成品を出資者に送付することになっていましたが、約束は履行されませんでした。こうした詐欺に対応するために保険商品が生み出されるなど対応は続いていますが、いずれにせよ、アイデアの重要性が増し、アイデア自体が取引の対象となっていく中で、資金の出し手には、アイデア自体の性質に加えてアイデアの実現を担う人間や企業が信頼できるかどうかを吟味することが求められます。

ここまで悪質な例でなくとも、アイデア資本主義においてはまだ実現していないアイデアに対して資金が集まるので、真摯に実現を目指したとしてもアイデアが実現せずに終わるということはあり得ます。期待の社会学（sociology of expectations）と呼ばれる分野では、科学技術の発展に先行して期待（の醸成）があることが指摘されています。つまり、すでに開発された技術を根拠に資金を募るのではなく、その逆に、アイデアで期待を生み出し、期待に基づいて資金を得た後に、技術開発が続くという流れです。開発がうまく行けばいいのですが、期待どおりに行かず何年たっても赤字から抜け出せないバイオテック・スタートアップは一つや二つではありません。

もちろん成功するスタートアップも多く存在します。例えば2006年に設立されたバイオ系の東大発ベンチャーであるペプチドリーム社は、アイデアをベースにスモールスタートでビジネスを成功させた典型例です。ペプチドリーム社のビジネスの中核技術は、東京大学の菅裕明教授が発明した、フレキシザイム技術です。同社のフレキシザイムおよびそれを用いたFITシステムとは、あらゆるアミノ酸をｔ-ＲＮＡにアミノアシル化して結合させることで、翻訳合成の潜在能力を最大限引き出す技術であり、これによって、一兆種類を超える多種多様なペプチド化合物ライブラリを、研究室内で合成することが可能になります。こう書かれても技術の内容を正確にイメージできる人は少ないと思いますが、菅教授を担当していた東京大学ＴＬＯ（後述）の職員が、たまたま自身も大学院の修士課程で生命科学を専攻しており、ペプチド化合物ライブラリを作成する困難さを知っていたため、技術の可能性を感知することができたのです。彼がフレキシザイム技術に惚れ込み、これを元にしたベンチャー設立の提案を行ったことをきっかけに、菅教授と窪田規一社長（当時。２０２１年3月に同社会長を退任）が出会い、ペプチドリーム社の設立に至りました。[29] 同社は本格的なビジネスを開始した２００９年の翌年には、米製薬大手のブリストル・マイヤーズスクィブ社との契約を結ぶことに成功し、その後もノバルティスファーマ社、アムジェン社、アストラゼネカ社といった錚々たる企業が提携の話を持ちかけてきたと言います。こうした世界的な製薬企業も注目する新技術を強みに、同社はビジネスを拡大していきました。２０１３年に東証マザーズへの上場を果たし、２０１５年には東証一部への市場替えも行っています。

この例では、先端的な科学技術自体を理解することはもちろんのこと、ビジネス的な可能性を評価することが大変難しい中で、科学技術とビジネスのそれぞれの領域の専門家がビジネス化のアイデアを適切に評価できたことが、その後の成長につながりました。

なお、同社は立ち上げに際してＶＣから全く出資を受けていません。この点はアイデアの育てかたという観点で興味深いので簡単に触れたいと思います。窪田社長らは、ＶＣによる経営への干渉が事業の舵取りをする上で時に足かせになるという考えを強くもっていたのです。加えて、ＶＣの提案したライブラリビジネスがフレキシザイム技術の潜在性を十分引き出さないと判断したこともあり、自分たちが一から考えて納得したやりかたで、自分たちの資金でもって会社を興すことにしました。そのやりかたとは、ライブラリを作成して売るのではなく、自らが創薬プラットフォームとなることを目指すという大胆な戦略でした。[30] ライブラリビジネスは収益化は早いかもしれませんが、上のような戦略と決断がなければペプチドリーム社がいまのように大成功することはなかったのではないでしょうか。

アイデアが投資の対象になるからといって、すぐさまそれに投資を募るのがうまいやりかたとは限りません。アイデア資本主義においては、どのようにしてアイデアをハンドリングし、実現に向けて育てていくかという戦略が非常に重要です。

さて、ペプチドリーム社の事例からもわかるように、先端的な科学技術をベースにしたアイデアの場合、その内容や真偽を理解したり、ビジネス上の可能性を見極めたりするのが難しいことは珍しくありません。そこで、大学などの研究機関における研究成果のビジネス的な可能性を評価して特許出願を行ったり、ＶＣや企業・起業家とのマッチングを行ったりする技術移転機関（TLO：Technology Licensing Office/Organization）が設けられることが増えてきました。ペプチドリーム社の事例でも、東大の技術移転機関である東京大学ＴＬＯのライセンス・アソシエイトが発明をビジネスの観点から「発見」し、ビジネス化へと促したことが同社の設立に大きく寄与しました。こうした技術移転の取り組みは、産業界と学術界という異なる論理・言語を有する二つの領域を橋渡しする役割を担っており、アイデアの元になる知見を有する人とアイデアを見極める人・生み出す人との間での「翻訳」に喩えられます。

このように、アイデア資本主義においては良いアイデアとそうでないアイデアの見極めが非常に重要になります。特定の領域に特化したＶＣが存在するのもそのためです。

ここまで主に投資や産学技術移転という文脈でアイデアを見極めることの重要性を確認してきましたが、こうしたことを生業にしていない人にとっても、アイデアの良し悪しを判断できるようになることは今後ますます重要になっていくと思われます。企画書や提案書を受け取るような立場の人であれば、もちろんそれらの効能や可能性を見極めることが求められます。また、例えば人事や組織開発という文脈でも、従業員のアイデアに基づく自発的な取り組みや提案を吟味し、適切に採用していくことで、従業員満足度（ES：Employee Satisfaction）を高めることにつながるでしょう。

モノの生産よりも活用が付加価値を生む

アイデア資本主義に至る前段階としてモノ余りが生じているため、モノを「所有」することよりも必要なタイミングでモノを「利用」することのほうが重要になりつつあります。こうしたことの裏返しで、アイデア資本主義においては、モノを生産することよりも、生産されたモノを活用してサービスに仕立て上げることのほうが重要になっていきます。

生産＝消費のフロンティアで触れたように、資本主義においてはイノベーションとコモディティ化のサイクルが回り続けてきました。ところが、生産量・生産性のフロンティアが消滅しつつある中で、生産の領域では設備投資を通じた新たなイノベーションが起きにくくなっており、多くのモノはコモディティとして存在しています。

こうした状況下、モノを作ることなく、モノの活用方法を工夫することで利益を得る企業が増えてきました。例えば、Uberや中国の滴滴出行(DiDi)、マレーシア発のGrabといった配車サービスは、既存のモノである自動車を活用して新しいビジネスモデルを確立しました。カーシェアにおいても、利用者は「このメーカーのこの車種に乗りたい」というこだわりはなく、自動車の機能さえ利用できればよいため、車種や性能は二の次で、いかに利用しやすいサービス設計にできるかが重要になります。

同様に、資本を投下してホテルを建設するよりも、ホテルと宿泊客とのマッチングサービスを運営したほうが概してＲＯＩは高くなっていきます。また、Airbnbのような民泊では未活用物件をホテルとして転用・活用することで収益化するというように、生産を伴わないモノのビジネスが増えていくと思われます。

Ｄ２Ｃも、モノの生産より活用に重点をおいたビジネスです。Ｄ２ＣとはDirect-to-Consumerの略で、企画・生産した商品を直接消費者に販売する方法のことです。Ｄ２Ｃ

では、モノのデザインなどを手掛けながらも、生産自体はOEM（Original Equipment Manufacturer）にアウトソーシングしていることが多く、生産以外の要素から付加価値を生み出しています。

D2Cの売りかた、マーケティングはとてもアイデア資本主義的です。家電量販店やスーパーなどの従来型の小売りは、場所代を払って様々なモノを販売しています。小売店にモノを売ってもらうメーカーは、小売価格と小売店へ納品する価格との差額を、いわばメディアとしての棚に並べてもらう料金として小売店に支払っている構図です。

一方で、D2Cでは基本的にリアルな店舗をもたないため、場所代がかかりません。販売に関しても、インターネットやSNSの普及によって、特定のセグメントに効率よくマーケティングすることが可能であることから、小売店に売ってもらう必要もありません。こうしたことにより、D2Cモデルは少ない資本でビジネスを回していくことが可能です。小売店を介さないことによって、むしろ、様々なSNSを介して消費者と直接コミュニケーションをとることができ、ブランドのファンを増やしていくことにつながります。

モノの生産ではなく活用に重きをおいたビジネスでは、生産のための設備を所有する必要もありませんから、少資本で、活用方法についてのアイデアだけで事業化が可能である点も特徴です。

繰り返しになりますが、アイデア資本主義においてはモノの「生産」よりも「活用」が付加価値を生むようになっていきます。このことは、製造業各社が近年続々と「ソリューション重視」の方向へ舵を切っていることからもわかります。ここでソリューションとは、顧客の課題を解決するような製品の活用方法(を提案すること)といった意味です。

さて、製造業はその名のとおりモノを生産することを生業としているわけですから、モノが単体でも好調に売れているうちは活用方法、つまりソリューションまでケアしなくてもいいわけです。ところが、モノがコモディティ化したことで、モノ単体ではなかなか差別化したり利益を生んだりすることが難しくなりました。そのため、モノ同士を組み合わせて総合的なエクスペリエンスを提案したり、モノの機能と人間によるメンテナンスや運用とを組み合わせてサービスとして仕立てたりといった形で、「モノ+活用方法」という新たな価値を訴求することが重視されているのです。こうしたソリューション重視の姿勢は、製造業の大手各社が生産の領域から活用の領域へと進出しようとしていることを端的に表しています。

アイデア資本主義において生産がなくなるというわけではありません。しかし付加価値の源泉がモノを生産できる能力や設備よりも、その組み合わせや活用方法に移行していくというイメージを摑んでいただけたでしょうか。

アイデアを生み出せる人が勝つ

アイデア資本主義の時代を生きる私たち一人ひとりにとって非常に重要なのは、アイデアを、それも良いアイデアを生み出せるようになることです。資金が必要であればアイデアに対して投資を募ることができますし、現在ではさほど資金を必要とせず、アイデアだけで始められるビジネスも多くあります。これは自分でビジネスを始めようという人に限った話ではありません。機械的な作業や型化された業務はどんどんＡＩやロボットによって代替されていくため、ビジネスパーソンに求められる企画力・アイデア発想力は、これからより重要になっていくと考えられます。そのため、アイデア資本主義においては、人間に固有の能力として（良い）アイデアを生み出せることこそが各人の強みの源泉になるのです。

YouTuberは典型的なアイデア資本主義のアクターです。投稿動画に広告がつくプラットフォームの登場と、動画の撮影や編集にかかるコストが減少したことが相まって、普通の人でも動画の制作・投稿を通じて収入を得られるようになりました。もちろん相当の再生回数がなければYouTuberとして生計を立てるには至らないものの、企画の面白さ次第では一つの動画で数百万回を超えるような再生数になることもあり、まさにアイデア勝負の稼ぎかたと言えます。例えば、YouTubeで1000万人近いチャンネル登録者数を有するHIKAKIN氏は、まださほど有名でなかった2010年にスーパーマリオブラザーズのBGMをヒューマンビートボックスでメドレーにした動画を公開し、これが注目を浴びたことで一躍有名になりました。[31] この動画がヒットした背景には、ヒューマンビートボックスの技術に加えて、スーパーマリオブラザーズというポピュラーでBGMが印象的なゲーム作品を題材に取り上げた企画性の高さがあるわけです。

YouTuberに限らず、Instagramのインフルエンサーや、ハンドクラフトを量産して、メルカリなどのフリマアプリで販売することで生計を立てるようなケースもあることを踏まえれば、キャリアや稼ぎかたの個別化・多様化はアイデア資本主義においてますます進んでいくと考えられます。

このように、アイデア資本主義においては良いアイデアを生み出せるようになることが極めて重要です。しかし、良いアイデアを生むのは簡単なことではありません。モノ余りが進行し、不足を埋めるものを作れば売れるという時代ではなくなりました。不足のない社会というのは、人々（消費者）がどうしても必要とするものが特にない社会です。欲しいものはあるかもしれませんが、まだ存在しないものについては彼ら自身も自分が本当に欲しているのかどうかなど当然よくわかっていません。先にも触れたように、いま、人々（消費者）が何を求めているのかが非常にわかりづらくなっています。

そのような中で、良いアイデアを生むためのキーとして重要なのが、インサイト（insight）です。インサイトとは英語で洞察や見識といった意味をもつ単語ですが、マーケティングの文脈では消費者の言動の背景にある、ないし言動を生み出す心理のことを指します。新しいアイデア自体はある要素と別の要素の掛け合わせなど、色々な方法で生み出すことができますが、乱雑に生み出したアイデアが良いアイデアであることは多くありません。確度高く良いアイデアを生み出すには、良いアイデアを生み出すための「根拠」が必要になります。その「根拠」が、消費者についてのインサイトなのです。

例えば、先に機能価値から情緒価値への転換が起きていると書きましたが、消費者が使って嬉しくなるものが何かは簡単にはわかりません。消費者に直接答えを尋ねても、真の正解は得られません。消費者が無意識のうちに何を行い、何を感じているのかを理解した上で、背景にある行動原理についてのインサイトを導き出すことによって、情緒価値をデザインできるようになるのです。消費者のインサイトを探るためのメソドロジーとして、文化人類学のフィールドワークは有効とされています。消費者の思考というフィルターを通した産物である「発言」ではなく、日常の中での自然な「行動」に着目することで、バイアスのない「本当のところ」が見えてくるというわけです。

人々の行動を観察することで製品の使いやすさを大幅に改善するアイデアを得た、有名な事例があります。Xerox PARC（Xerox Palo Alto Research Center）[32]という研究所は、早くから人類学者や心理学者などの社会科学者を雇用して、ハードウェア機器等の開発にその知見を取り入れていたことで知られています。現在ランカスター大学で科学技術人類学を教えているルーシー・サッチマン教授（Prof. Lucy Suchman）もその一人でした。PARCのリサーチャーとして、オフィスワーカーがコピー機を使う様子を観察していた彼女は、彼らが何やらコピーを始めるのに手間取っているようだと気づきます。この問題は、コピー開始ボタンがその他のボタンと同じような形状で、区別しづらいことによって生じていました。すなわち、コピー機には色々な機能やボタンがあるものの圧倒的に使用頻度が高いのはコピー開始ボタンであるため、このボタンさえわかりやすくしておけば作業が随分とスムーズになるということが観察を通じて導き出されたのです。[33] その後、「緑色の大きなコピー開始ボタン」はデファクト・スタンダードになりました。皆さんも、職場やコンビニでコピー機を目にする機会があれば、ぜひコピー開始ボタンに注目してみてください。いまも多くのコピー機には緑色の大きなコピー開始ボタンが付いていると思います。

この古典的な例では、「ユーザーは、日々の業務で使うコピー機のボタン配置や高度な機能に（開発者が期待する程度には）注意を払っていない」というインサイトが調査から導かれ、それをもとに「いちばんよく使うボタンだけ目立つようにしておけば使い勝手が向上する」というアイデアに行き着きました。言われてみれば当たり前のようにも聞こえますが、製品開発者など、当該製品に詳しい人や思い入れの強い人がこうしたことに気づくのはなかなか難しいものです。

また、コピー機を使っていたオフィスワーカーたちは、「コピーをとるのは面倒だ」とか、「機械の操作が難しい」といった感想は抱いていたかもしれませんが、「コピー開始ボタンだけを目立たせて欲しい」とはおそらく考えていなかったでしょう。「コピー機で改善して欲しい点は？」と直接問うてみたとしても、考えていないことは回答として出てきません。調査対象者の発言ではなく行動に着目することで、対象者自身も気づいていないようなインサイトが得られるという点が、実際の現場を観察する最大のメリットです。

良いアイデアを生み出すにあたって、徹底的に観察を行うことと、それによって導かれるインサイトが重要であることは、製品開発・サービス開発に限らず当てはまります。

例えば企画を考えるとき。よく、「企画はひねってなんぼ」のように言われることがありますが、インサイトがない状態で、ただただ要素Aと別の要素Bをひねってくっつけたような企画には根拠がありません。言ってしまえば当てずっぽうであって、成功するかもしれないけれども、失敗するかもしれない。その企画を誰に届けたいのか、その人たちはどんな人で、何を感じ、何を潜在的に求めているのか。こうしたことをわかっていないから、変にひねるようなことになるのです。

コピー機の例でも、「正解」は非常にシンプルでした。インサイトやそれにもとづく仮説に対して、シンプルに解を出そうとする姿勢が、打率高く良いアイデアを生むことにつながると私は考えています。

繰り返しになりますが、アイデア資本主義においては、良いアイデアを生み出せるようになることが重要です。そして勘に頼らずに良いアイデアを生み出すためには、インサイトを捉えた上で企画書や新しい製品・サービスについてのアイデアを具現化していく必要があると言えるでしょう。

注釈

27 金融審議会 新規成長企業へのリスクマネーの供給のあり方等に関するワーキング・グループ報告書（平成25年12月25日）
28 「片渕須直監督による『この世界の片隅に』（原作：こうの史代）のアニメ映画化を応援」（https://www.makuake.com/project/konosekai/）２０２１年5月30日アクセス。
29 大川内直子、「産学技術移転の人類学的研究」（２０１５年）
ペプチドリーム社の設立に至る経緯や東京大学における産学技術移転の様相については、筆者自身による調査に基づく。インタビューにご協力いただいた同社窪田社長、菅教授、東京大学ＴＬＯの成田氏、居石氏、東大産学連携本部の筧氏、東京大学エッジキャピタル郷治社長（所属・肩書はいずれも調査時点）には改めて御礼を申し上げます。
30 大川内直子、「産学技術移転の人類学的研究」（２０１５年）
31 ２０２１年5月時点のチャンネル登録者数は約９１６万人。
32 １９６９年にXerox社の1部門として開所したXerox PARCは、現在同社の１００％子会社として存在しており、単にＰＡＲＣと呼ばれています。
33 ＰＡＲＣのＷｅｂサイト（https://www.parc.com/blog/mythbusting-corporate-ethnography-and-the-giant-green-button/）を参照。２０２１年6月27日アクセス。

4 資本主義のこれから

近年、資本主義や資本論が注目を浴びています。その文脈は多くの場合、「資本主義は限界を迎えている」「資本主義を脱して次のシステムへ移行する」といった、資本主義を否定するもののように思われます。しかし、本書で検討してきた内容は、これらとは異なる見解へと私たちを導きます。

本書の最後にあたる本章では、今後の資本主義がどうなっていくか、そして、より主体的に、どうしていくべきかについて考えてみたいと思います。

フロンティアなき成長の時代

本書の第1部においては、資本主義が新たなフロンティアへと拡大を続けていった歴史

図19　脱資本主義と本書の立場

	脱資本主義	本書
資本主義についての認識	資本主義は システムであり 変更可能である	資本主義は人間がもつ 心的傾向であり 変更は不可能
資本主義の未来	・資本主義を撤廃すべき ・脱成長	・フロンティアが消滅しても インボリューションによって 成長 ・資本主義はアップデート 可能

を、空間・時間・生産＝消費という三つの領域に渡って追いかけました。そして、21世紀のいま、これらの伝統的なフロンティアがほとんど開拓し尽くされ、消滅してしまったことを確認しました。このように目に見える成長のための白地がなくなってしまったことから、資本主義における成長の限界が来ているという指摘がなされることがあります。

　たしかに日本経済の成長は鈍化してきています。ただし、世界全体の名目GDPの推移をここ30年間について見てみると、1990年に23・6兆米ドルだったものが、2000年には34・0兆米ドル、2010年には66・2兆米ドル、コロナ禍

図20　世界の名目GDP 国別ランキング・推移（IMF）

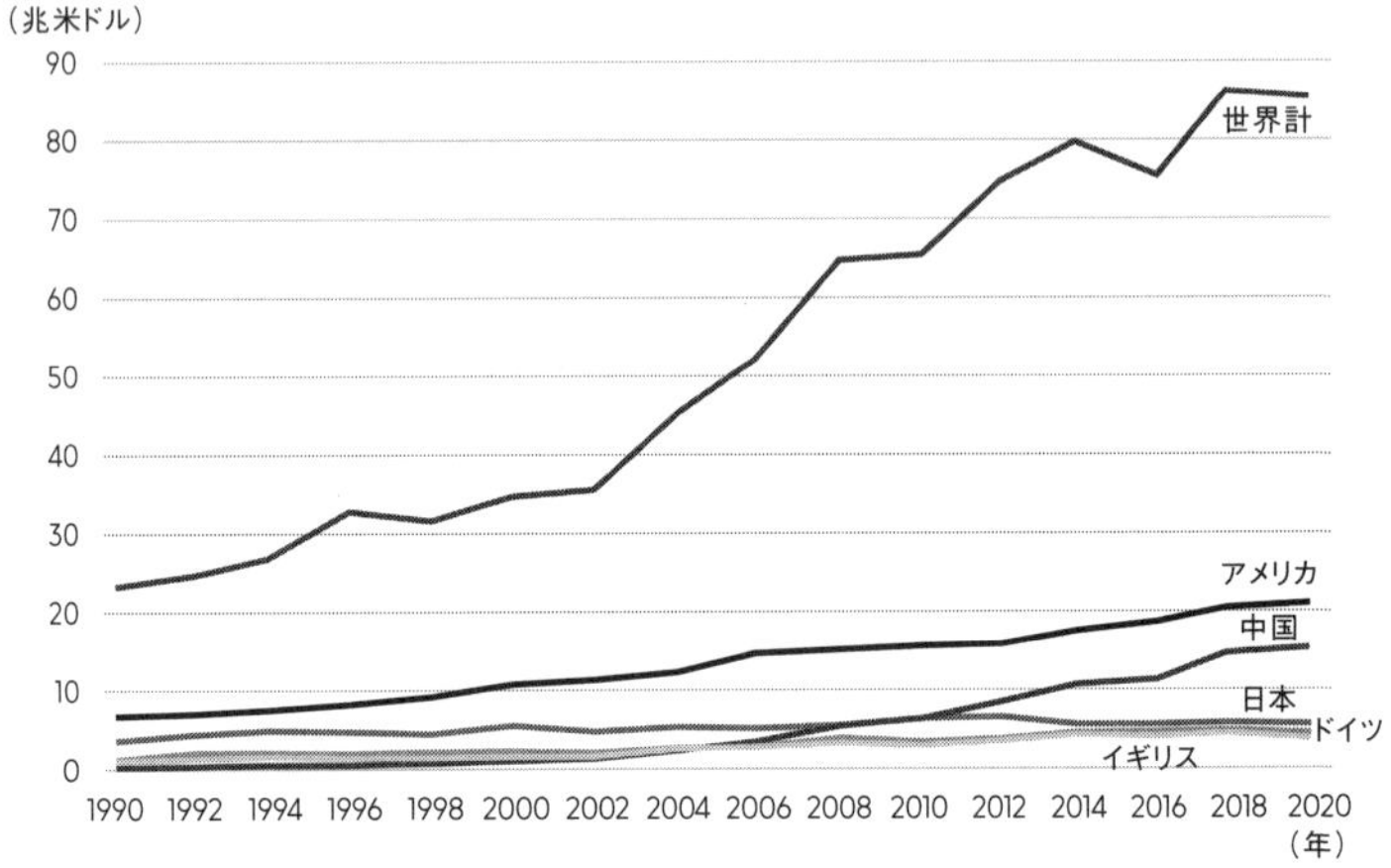

出典：グローバルノート「世界の名目GDP 国別ランキング・推移（IMF）」より作成

の２０２０年は２０１９年よりも若干縮小したものの、それでも84・5兆米ドルと、増加基調であることは間違いありません。日本を含む複数の先進国で少子高齢化などの要因によって経済成長が鈍化しているとしても、世界全体として見ればまだまだ成長しています。

フロンティアなき状況でも成長が実現されるケースについて、私たちはすでに確認しました。本書でインボリューションと呼ぶ現象、すなわち内へと向かう発展が、様々な領域で生じているのです。フロンティアを新しく開拓することによって拡大するという、長く続いてきた外へ向かう発展とは異なる形で、資本主義が拡大を続けており、それはついに、アイデアという、まだ実現していない領域、アタマの中の領域にまで及んでいます。これがアイデア資本主義です。

このように、伝統的なフロンティアの消滅が資本主義の終焉に直結するわけではありません。むしろ、伝統的なフロンティアの消滅を受けて、各領域でインボリューションが進んでいることを私たちは確認しました。

資本主義は入れ替え可能なシステムではない

資本主義を脱すべきとする議論の背景には、経済成長に対する懸念の他に、資本主義自体が悪であるという考えがあります。こうした考えかたは古くからあるものです。例えば、カトリックの教義に照らして蓄財や高利貸しが罪深い行いとされ、批判された事例を私たちは確認しました。歴史的にも、資本主義という用語は多くの場合批判的に用いられてきました。

たしかに資本主義が成長と効率を志向した結果として、環境破壊や公害、経済格差の拡大などが引き起こされてきたのは紛れもない事実です。こうした負の側面を解決していくのは私たちに課せられた使命に違いありませんが、だからといって欠点があるからシステムごと取り替えようというのはいささか安易な考えであるように思われます。

それというのは、第一に、資本主義は一方で経済格差や環境破壊といった諸問題を引き起こしてきましたが、他方で様々なメリットももたらしてきており、私たちは日々その恩恵に預かっているためです。わかりやすいところでは、スマホやPCなどの電子機器や、ノートやペンなどの文房具、毎日使う調理器具や歯ブラシも、基本的には資本主義の主要なアクターたる営利企業によって生産された製品です。モノ以外にも、(ネット)通販や音楽・動画配信サービス、カフェやレストラン、美容室、学習塾といった様々なサービスは営利目的で運営されているわけです。しかも、ノート一冊をとっても様々なサイズ、紙質、デザインの商品が手頃な価格で販売されており、自分好みの商品を選ぶことができます。これらがもたらす利便性については改めてここであげつらうまでもないでしょう。このような商品・サービスの多様化は、企業が競争戦略の中で、つまり、消費者の多様なニーズや嗜好に適合した商品・サービスを売り出すことでより多くの売上・利益を獲得するために生じてきたものであり、企業努力によって利益を増大させ得るという前提がなければ成立しないものです。

また、すでに確認したように、生産の領域に資本主義が進出していく中で労働が変質し、賃労働が生まれました。こうした変質の延長線上で、職業が、生まれた土地に紐付いて与えられた、すなわち逃れられないものから、自らの意思によって選択するものへと変化していきました。このように、資本主義は様々な権利や自由をもたらしてきたという側面も合わせもっています。もちろんこうした変化は、フランス革命に代表されるように市民による闘争を通じて獲得されたという点で、資本主義的な営為に伴って自然に生じたという性質のものではありません。しかし、フランス革命自体が当時の資本主義の担い手たちによる王侯貴族および高級聖職者たちに対する革命であったこと、および、フランス革命の結果として法の下の平等や各種自由権が成立したことを考えれば、資本主義が各人の自由を強化したと言って差し支えないでしょう。なお、先に触れた職業選択の自由も、この自由権のうちの一つに位置づけられます。

この様に羅列すると資本主義を称揚していると思われるかもしれませんが、あくまでも強調したいのは、**物事の正負の両面を正しく評価する必要があるということ、そしてそれは資本主義についても例外でない**ということです。資本主義自体は善を志向しているわけでも、悪を志向しているわけでもありません。**個々のアクターが個別最適を目指す中で全体最適が阻害され得るというのは資本主義に限った話ではありませんし、逆に、資本主義によっていま例示したような効能ももたらされ得る**というのが私の考えです。

さて、議論を進めましょう。資本主義が引き起こしてきた諸問題を根拠に資本主義それ自体を打破すべきとする主張の危うさは、第二に、拡大を志向する資本主義のダイナミズムの中で生じたいくつもの問題が、先人たちによってその枠内で解消されてきたという事実を見逃している、あるいは軽視している点にあります。本書でも度々触れている奴隷貿易を例に挙げると、奴隷貿易もまた、資本主義の拡大プロセスの中で強化されたと言えます。すなわち、より安価に、大量の農業生産を可能にするために、人々が奴隷としてプランテーションに投入され、労働を強いられたのです。では、歴史を振り返ってみて、奴隷貿易を廃止するために資本主義から労働者を尊重するような別のシステムに切り替えられたかというと、そうではありませんでした。現在でも資本主義は続いており、その中でも奴隷貿易の廃止が成し遂げられているわけです。もっと言うと、奴隷貿易の始まりが資本主義によるものであったとするのならば、その終わりもまた資本主義によってもたらされたと考えるのがフェアかもしれません。なぜならば、産業革命やフランス革命などを通じて労働者が次第に自由な存在になっていき、人格を拘束する奴隷制は時代遅れであるという思想が広がったことが、奴隷貿易の廃止に結びついたためです。

まとめると、資本主義が様々な問題を引き起こしてきたのは事実であるものの、一方で多大な恩恵ももたらしており、さらに、資本主義の枠内での問題解決も実際に成し遂げられてきたということです。「資本主義には問題があるから理想的な別のシステムに切り替えよう」という主張は、いまの社会に対して不満を抱いている人にとっては心地よく聞こえるものです。しかしそれが資本主義自体をアップデートしようとするアプローチよりも優れているかという点については、ここまで考察してきたような歴史的な観点および実現可能性・実効性という観点から疑問なしとしません。

そもそも、本書を通じて繰り返し申し上げてきたように、資本主義は本質的には、個々人の直線的な時間感覚と計算可能性に基づく未来志向の現れです。そしてこうした心的傾向は私たち一人ひとりに、知らず知らずのうちに深く根付いています。そのため、資本主義というのは簡単に適用したり適用外にしたりできるようなシステムではないと私は考えています。

私たちは、中東において10世紀前後に資本主義が発達したとき、イスラム教でリバー

（利子）を禁じる戒律がどのように回避されていたかをすでに確認しました。たとえルールで縛ろうと、資本主義は本質的には禁止できないのです。現代においても、イスラム圏ではコーランやシャリーアに配慮して金融取引自体が避けられるのではなく、戒律に抵触しないよう様々なスキームを駆使した金融取引が生み出されています。このようにして独自に発達したイスラム金融の仕組みには、例えばムラバハと呼ばれる手法があります。ムラバハは、実質的な住宅ローンやカーローンとして機能しています。住宅を購入したい人に対して銀行が有利子で住宅購入費用を貸し付けるとリバー禁止の戒律に反してしまうので、銀行が（単独または住宅購入希望者と共同で）まず住宅を購入し、リバー相当を上乗せした金額を割賦払いで回収するというのがムラバハの仕組みです。

どんな社会も、そこに生きる人々から浮いたものとしては存在しません。**人々は社会に埋め込まれており、同時に、人々のミクロな行為の総和として社会現象が存在するのです。資本主義社会はそうしたミクロな選択の総合的な現れとしてマクロ的に感知されるものであるというのが、本書の立場です**。この見方は資本主義をマクロなシステムとして捉える立場を否定するものではなく、相対化することを企図するものです。

アイデア資本主義に代表されるような新しい経済現象は、資本主義の根深さ、しぶとさを象徴しています。私たちには、何気ない日常生活の中でも、未来を推測すること、そして推測される未来から逆算して現在とるべき行動を決定することが様式として染み付いています。なぜ私たちは先を見通そうとするのでしょうか。それは単純に、そうしたほうが「良いと思っている」からです。計画なしに日常をやり過ごすよりも、夢や目標をもって計画的に時間を使ったほうが「良いと思っている」のです。実際、そのほうが効率よく勉強したり、業務を進めたりできるでしょう。

このように、**私たちが自分の人生を真剣に生きて、自分の将来について思案したり目標を立てたりするという行為の中に、すでに資本主義の本質が含まれている**と考えられます。本書では、資本主義を「将来のより多い富のために現在の消費を抑制し投資しようとする心的傾向」と定義しました。将来を案じて、少しでも確かなものにしようとすること、その一つの現れとして、現在の消費を抑制して投資に回すことで得られる富を増やそうとする行為があるのです。すなわち、直線的な時間の感覚に基づいて未来についての計算ができるようになった私たち一人ひとりの行動の中に、資本主義の萌芽は、あらゆる瞬間に、ごく自然と生じつつあるのです。

たとえ無理やりに資本主義的な経済活動をやめさせたとしても、直線的な時間感覚と未来についての計算の術を身につけた人々の少なくとも一部は、自分の生命の保証のために、そして家族や子孫、大切に思う人の安寧のために、お金を貯めたり財産を残したりしたいと思うようになることでしょう。こうした未来志向の、切実で、ミクロな営為の集積として生じるのが、マクロな意味での資本主義です。

人々の心に根ざしたこれらの行為をやめさせるのは容易なことではありません。資本主義は、固まったシステムだから強いのではなく、ミクロな心的傾向に基づくからこそ、結果として強くなったのです。資本主義が本質的にシステムではなく心的傾向である以上、違う形への移行を人為的に進めることは、よく想像されるよりもはるかに難しいと考えられます。

資本主義はアップデートできる

そうであるならば、私たちは資本主義が成長と引き換えに生み出してきた環境破壊や格差拡大といった諸問題を、甘受し続ける他ないのでしょうか?

そうではなく、資本主義をアップデートすることによって社会をより良くしていけるというのが、本書の立場です。ここまでの議論を総合すると、資本主義をやめて全く別のシステムに移行するのではなく、資本主義自体を改良していくほうが、現実的で建設的なアプローチだと考えます。

資本主義は、本書を通じて見てきたように、簡単に付けたり外したりできるような静的なシステムではありません。もちろん財産権などの制度と密接に絡み合う形で発達してきましたが、個々人の心的傾向としての側面は、その重要性・根深さに反して、意識されてこなかったように思います。資本主義は、社会や個別の状況に応じて、異なる形で生じ、その後も形を変えてきました。このことは、私たち自身が資本主義の形を変えていけるということを意味しています。実際に、資本主義の枠内で奴隷貿易が解消されてきた歴史について紹介しました。

いま再び、資本主義がもたらした諸問題に対して知恵を出し合って――いや、アイデアを出し合って――その解決策を見つけていくべきときを迎えているのではないでしょうか。個人的な希望を言えば、その解決策が、資本主義のもたらしてきた正の側面を維持しつつ、その負の側面を解決するような、「良いとこ取り」のアイデアに基づくものであれば素晴らしいと思います。

本書を通して繰り返し述べてきたように、資本主義が個々人の直線的な時間の感覚と計算可能性とに根付いている以上、それを完全に禁止したとしても、ミクロな次元において、一人ひとりの切実な生への欲求の中から資本主義はまた生まれ、拡大していくことでしょう。この点で、資本主義を完全に抑制することは非現実的であると考えます。ただし、資本主義の中で生じる諸問題すべてを市場原理に則って解決していく必要もないわけです。例えば、環境問題への解決策として、資本主義ないし私的所有に否定的な立場からは、地球の資源をコモンズ（commons）として共有し、自治的に管理していくことが提案されています。漁業においては漁場がコモンズ的に管理されている例もあることですし、これも有効なアプローチの一つでしょう。より一般的なのは、ガイドラインを制定したり排気ガスの量を制限したりするアプローチかと思いますが、これも経済活動を市場の外から規制するという点で、資本主義に対して抑制的な手法です。

一方で、市場原理を活かしながら環境問題に対応しようとするアプローチも有効です。例えば環境税のように外部不経済を内部化するやり方は経済的手法と呼ばれます。環境負荷の大きい自動車に対して高い税率を課しておくことで、消費者は割安な、環境負荷の低い自動車を選ぶようになると考えられますし、高くてもいいからこだわりの自動車に乗りたいという人のニーズにも応えられます。税率を上げた分税収が増えれば、環境問題への対応もできるというわけです。

ここまで政策的なアプローチについて記載してきましたが、ミクロな次元での取り組みも非常に重要です。一人ひとりが環境意識を高め、より環境負荷の低い製品を選択することで、企業が環境負荷の低い製品開発に取り組むインセンティブとなるためです。

このように、環境の汚染を防止する方法は一つではありません。資本主義が続いていく中でも、最大多数の最大幸福や持続可能性を実現するような多元的なアプローチをバランス良く組み合わせていくことが重要であり、これによって資本主義を適切にコントロールしながら発展させていくことが、資本主義を良い方向へアップデートするための建設的かつ現実的なアプローチです。

様々な角度から歴史を紐解いてわかったように、時代や文化に応じた様々な資本主義の形が存在してきました。いまの資本主義には欠点も問題もありますが、多様な資本主義の形があり得る中で、ひとくくりにして否定するのは賢明なやりかたとは言えません。色々な問題が見えてきているいまこそ、大切なのは、問題を資本主義のせいにすることではなく、時代に応じた適切な形へと進化させていくことだと私は考えています。

折しも、いま私たちはアイデアの時代を迎えています。お金がなくても、権力がなくても、アイデアで勝負できる時代になってきているのです。そうであるならば、社会を良い方向に変えるために資本主義をどうアップデートすると良いのかについて、私たち一人ひとりがアイデアを出し合っていくことこそが何よりも重要で、インパクトがあるのではないでしょうか。

おわりに

アイデア資本主義について書こうと考えるに至った理由は二つあります。

私は長年、フィールドワークを通じて人々の発言や行動のウラにある心理やニーズを明らかにすることに関心をもってきました。私が設立したアイデアファンドという会社の名前は、調査・分析によって得たインサイトをベースに、新しいアイデアを生み出し、育てていきたいという思いから付けたものです。このアイデアという言葉自体は目新しくもなんともないのに、次第にビジネスの場で耳にする機会が増えてきました。

アイデアや発想力、クリエイティビティがこれほどまでに強く求められた時代は現代以外にあっただろうかと思うほど、いかに人と違うアイデアを生み出すか、豊かな発想力を身につけるかに関心を払う人が増えたように思います。私は、「いま、社会で何が起きているのだろうか」というシンプルな関心から、アイデアの重要性が増してきた背景について考え始めました。これが一つ目の理由です。

私を含め、物心がついたときから日本経済に勢いよりは陰りを感じ続けてきたという人は、いまでは少なくないのではないでしょうか。高度経済成長期のような右肩上がりの時代など今は昔、経済格差も拡大している。その上、人間がやっている仕事の大半はＡＩに奪われていくという。

こうした悲観的なムードを代弁するように、ここ数年、資本主義の終焉と次なる時代の到来を説くような言説が増え始めました。資本主義を諸悪の根源とみなして新しい理想的なシステムに移行するというような考えは耳触りが良いものですが、私が触れてきた文化人類学という学問が相対化を志向するからなのでしょうか、次のような疑問が生じました。「資本主義とはそのように自由につけたり外したりできる代物なのか？」「資本主義が何世紀ものあいだ力強く広がり続けてきた背景には、人々の生への欲求と呼応する部分があったからではないのか？」。これらについて検討したいと思ったのが、二つ目の理由です。

これら二つの素朴な関心に対して自分なりの答えにたどり着くまでには、色々な人の助けがありました。まずは、編集を担当してくださった白戸翔さん。白戸さんは私の筆の進みが捗々しくないことを（おそらく）察しながらも、責めず、追い詰めず、大人の調整力を発揮して締め切りや進め方など柔軟に対応してくださいました。何より、私の書きたいことに寄り添っていただいたことに感謝しています。

そして、私の話に興味をもって、出版社と私をつないでくれたのは事業家ｂｏｔ（@Midnight_Tokyo）でした。彼は私の書く堅苦しい文章を揶揄しながらも、内容をわかりやすくするように有意義なアドバイスをくれました。おかげで本書は、当初とは段違いの読みやすさになっています。

また、４歳になる息子にはいつも活力をもらっていました。日々の仕事の傍ら本書を書くにあたっては、もっぱら彼が寝付いた後の、深夜の時間帯が作業に充てられました。忙しさや寝不足にかまけて十分構ってあげられないこともあり申し訳ない。筆を置いた後はたくさん遊んでもらおうと思います。

最後に、本書の解説を書いてくださった船曳建夫先生に心より御礼申し上げます。もとは船曳先生のやわらかで深い文章の一ファンとして、本書に対する感想を個人的にお寄せいただけたらどんなにか幸福だろうとひとり想像していたのですが、せっかく所感をお聞かせいただけるのであれば私が独り占めするよりも読者の皆さんと共有すべきではないかと思い直しました。ということで、続く解説をお楽しみください。

解説

船曳建夫
十文字女子大学特別招聘教授
東京大学名誉教授

マルクスの『資本論』という本の悪影響は大きい。タイトルが魅力的で重要に思え、読まなければという気を起こさせるのだが、難しく、長い。いつかは読もうと気にしながら、読んでいないことを隠している人は多い。その秘密につけ込んで「これを読んだら『資本論』を読んだことになる」という本がたくさん書かれるのだが、そうした本も十分に難しいので、「資本論」はさらに遠ざかる。

さらにねじれたことがある。『聖書』を読んだら、最後は「キリスト教って素晴らしい！」と思えばよいのだが、『資本論』は読み終わったあと「資本主義って素晴らしい、でなく、ひどい！」と思わなければいけない。その先は、と、同じマルクスの『共産党宣言』を読んでも、「共産主義怖いぞ、なめんなよ！」と現状への否定は書いてあっても、待ち望まれるコミュニズムのすがたをあきらかにしてはくれない。

読者は感付かれたことと思うが、私も「資本論」を読んでいない。どこかで、「資本」、「価値」、「搾取」、といった言葉を学んだのを、それでよしとしている。キリスト教を知るのにトマス・アキナスの『神学大全』から入らなくてもよいだろう、と。それにしても世の中の『資本論』コンプレックスは半永久的で、何年か前にはピケティという人の『21世紀の資本』という普通の主張の本が世界的ベストセラーになり、日本でも近頃は『資本論』関連本復活の兆しがある。

そこで、この『アイデア資本主義』はどうか。弱みにつけ込んで書かれた本か？

内容は明快である。著者が言うに、「資本主義」は、未来のためにいま我慢して貯め込む、という最近の人間の性（さが）のことである。その日暮らしの狩猟採集段階にはないことだったが、人類社会に農業が始まったのち、農業生産物の余りが出て、それを売り買いする市場ができる。こうしたことは世界各地、中国や中東で、それぞれのかたちで形成されたが、ヨーロッパでは16世紀に地中海から大西洋、太平洋への交易に進んだことが、質と量、共に資本主義の発展に決定的であった。技術の進歩と国家体制の整備、そこに資本の永続的投下をうながす「会社」が成立して、ヨーロッパ近代に「資本主義」の飛躍と膨張が起きる。この運動をしっかり支えるには、常にさらなる投資を刺激するフロンティアが必要となる。著者は資本主義の勃興の過程で、「フロンティア」が空間、時間、生産=消費という三つの領野において、どのように見出され、どのように使い尽くされてきたか、という様子を描く。

その結果、21世紀のいま、フロンティアは、空間的にはもはやアフリカしか残されてない。時間的には永久という時間態を「ゴーイング・コンサーン」という捉えかたで企業・組織体に織り込んでしまったため、現在の延長線上に約束された「未来」はこない。生産＝消費は、「欲しいモノ」が身の回りにあふれ、「新商品」による循環はひとまず終わった。つまりこれまでのような意味での「フロンティア」はほとんどなくなった。

ここまでで、この本が「資本論」コンプレックスの弱みにつけ込んだ本か否かを考える。私にとって読まされた理由はそのとおりであるが、「資本主義」システムの成立の歴史がすっきりとわかりやすくためになり、「資本論」は遠ざかっても、資本主義の理解は近づいた。

しかし、この本の読書中、ずっと奇妙な感じを持っていた。資本主義の歴史はずっと昔の、何百年、何千年の長期のことだが、自分の過ごしてきた短い数十年の実感とぴったり重なるのだ。システムの側面でなく、資本主義の「個人」について、分かりすぎるくらい分かった。

思うに、資本主義といっても、一人ひとりにとっては、「金儲け」のことだ。こうした本の読者には金儲けをしたい人と、金儲けについて知りたい人の二種がいるだろう。私は後者である。私自身の両親が、貧しい人たちへの「生協運動」の活動家だったからか、逆にどうして金のある人とない人がいるのか、という「金儲け」への関心は性的なことがらのように私の心にムラムラとつのった。

昭和23年生まれの私は小学生のあるとき、いつも読み飛ばしていた「株式欄」に目が行った。毎日眺めていると仕組みが分かって、こんなゲームを思いついた。自分が10万円持っていると仮定する。そこでいろいろな株を売り買いして儲けを出す。「トキコ」という会社が私の贔屓でその株を頭の中で買っていたのは、その名前の奇妙さと、その会社の女子野球チームの練習を眺めていたからだったが、そうした非経済的要素を考慮に入れていたせいか、私の投資はゲームに勝てなかった。それでもこのゲームは、スターリン暴落はまだ幼すぎたが、スエズ動乱といった事件が金儲けに影響することを悟らせてくれた。そののち投資する資金はないまま関心を持ち続け、まったく家庭環境の違う女性と結婚をして、「成功」という資本主義のプロセスが何であるか、思い知った。

聞いてみると、ほとんど笑い話である。ちょっとした偶然が、動き回っている人には「幸運」としてやってくるのだ。明治の昔、家人の祖父が徴兵検査を終えて東京に出てくると駅前に人だかりがあった。近くの遊廓が焼けたらしい。女郎が死ぬ、死体処理に手間が要る、その仕事にありつく。数週間すると祖父は仕事をする人からさせる人になっている。その彼がある時、飛行機の試験飛行を見かける。発動機の時代だと知る、しかし、発動機はすでにみなが手がけている。ならば、その情報誌、「発動機新聞」を始める。そのうち、自動車が増えてくる、運転手が必要となってくる、その養成訓練をする自動車学校を思いついて、設立する。しかし、飛行機の夢が捨てられず操縦士学校も始めようとする。しかし、飛行機はほとんど軍の独占なのでうまく行かないが、広大な土地が手元にある。「動き回っている」仲間の一人に電鉄会社の起業家がいて、彼に、駅と線路の土地をくれてやる。すると広大な土地がすべて駅前となる、その土地に……この話のどこかは作り話だろうが、おおよそ、彼の一生は、一本の藁しべが蜜柑、反物と姿を変えついには巨富にたどり着く「わらしべ長者」的である。その二代目にも戦後、同種の話し、事件が起きる。米軍が来る、英会話が必要となる、英会話学校を作る、その跡地が高騰し、葉書一枚分の土地の値段が……。

金儲けに関心のある私の耳には他にもその種の話しが聞こえてくる。日本を代表する企業の創業者の奥方が、婚約時に彼としていたデイトの約束は朝の電報であった、といった「動き回り」振りは、先の話しと同じ性格である。20年ほど前に、私の教え子の一人が日本で誰もが知る起業家になったが、出てくる小道具は、自動車や土地ではなくITや「メディア」と違うだけで、同じく動き回っている(中の一人の)ところには、金が転がり込むという「わらしべ長者」ストーリーである。

ここで、この本に戻る。フロンティアがなくなった現在の資本主義はどうなるのだろう。著者は、フロンティアは目に見えるアフリカや新商品ではなく、頭の中の思考の組み替えである、と言っているようだ。さてそうなのか。それほど現在は、かつてと違った時代がやってきているのか。かつての古びたわらしべ長者も、他の人には見えていない、発動機の普及、駅前開発、ウォークマン、テレビと通信の融合、などが、頭の中にはアイデアとしてはっきりとした像を結んでいたのが画期的だったのではないだろうか。とすると時代は変わっていないないか。

その正誤は私には分からない。元から私は一度も儲けたことがないので、言う資格はない。ところがついに数年前、長者を目指す一人が私にも一枚、儲けにかませると声をかけてくれた。1、2年は彼の言うとおりになった。ついに私も長者の仲間入り、と思った矢先、見えない負の「フロンティア」がやってきた。コロナである。彼は今年、見事になぎ倒された。しかし、その未来のわらしべ長者(かもしれない)彼は、私の義理の祖父や他の幸運者と同じく、現在もへこたれずいまだに動き回っている。Show is going onである。

その未来予測は付かないまま、私は本業の文化人類学的視点から、「資本主義」に触れようと思う。文化人類学とは方法ではない、態度である。フィールドワークも他者理解の態度であって、自力で自分のやり方を編み出すしかない。文化人類学のユニークな主張、態度は、人間が「人類」というひとくくりでまとまる、と考えるところである。宇宙人はまだ襲来していないが、コロナが現れて「人類」がいることが分かったように、地球の生態系の中で、「人類」は一つのまとまりである。文化人類学の視角からは、資本主義は人類が「生態系」のプラットフォームの上で、勝手に行っているゲームであって、ゲームのグラウンドを壊してしまったら、全員「退場」を食らう。いまその「退場」を食らわされるのでは、と『資本論』が復活しているのだと、思う。

『アイデア資本主義』の、フロンティアが頭の中にあるという考えかたに、私が「わらしべ長者」たちのゲームとは違う、時代を画期する萌芽を感じるのは、そこの点だ。人が競争の中でフロンティアを食い潰していたら、グラウンドは壊れて、誰も生き残れない。結局は互いに「仮想」敵なのであって、世界の中では人類はすべて常に互いに「味方」である。頭の中は無尽蔵だ、といったことを、漱石が『三四郎』の中で言っている。たとえ、動き回り続けるもの（の中の一人）だけに「幸運」がやってくるとしても、それは、人がもとより運命は甘受するだけである、という本義に立ち返るだけなのだ。その「わらしべ長者」の運・不運は資本主義の前からの、地球に人類がこうやっていることの奇跡と幸運と比べれば、いまさら騒ぐことではない。資本主義は、いまや頭があれば自分に金がなくても、わら一本で、誰でも参加できるゲームなのだ、と著者は言っているように思える。

Naoko Okawachi 大川内直子

東京大学教養学部卒業。東京大学大学院総合文化研究科修士課程修了。専門は文化人類学。修士課程在籍中に文化人類学の方法論をユーザーリサーチに応用することに関心を持ち、海外リサーチ案件を個人で請け負う。みずほ銀行本店営業第十七部に所属し、大手通信企業グループに対するコーポレート・ファイナンスに従事。2018 年株式会社アイデアファンドを設立、代表取締役に就任。アイデアファンドではフィールドワークやデプスインタビューなどの手法を活かした調査を数多く手掛け、国内外のクライアントの事業開発・製品開発に携わる。その他、国際大学 GLOCOM 主任研究員、昭和池田記念財団顧問。1989 年、佐賀県生まれ。

アイデア資《し》本《ほん》主《しゅ》義《ぎ》

文《ぶん》化《か》人《じん》類《るい》学《がく》者《しゃ》が読《よ》み解《と》く資《し》本《ほん》主《しゅ》義《ぎ》のフロンティア

2021年9月15日　初版第1刷発行
2021年12月17日　初版第2刷発行

著　者 ―――― 大川内直子
発行者 ―――― 岩野裕一

発行所 ―――― 株式会社実業之日本社
〒107-0062　東京都港区南青山5-4-30
CoSTUME NATIONAL Aoyama Complex 2F
電話（編集）03-6809-0452
（販売）03-6809-0495
https://www.j-n.co.jp/

印刷・製本 ―――― 大日本印刷株式会社

装丁・本文デザイン ―――― 三森健太（JUNGLE）
本文DTP ―――― 上玉利毅
校正 ―――― 株式会社ぷれす
編集 ―――― 白戸翔

ISBN 978-4-408-33987-0（新企画）